安妮日記

目錄

【推薦序】

蔡淑媖（中華民國兒童文學學會秘書長、磚雅厝讀書會擔任會長）

讓經典名著串起代代閱讀的記憶

好的故事不會被時代所淘汰，好的故事總是一代傳一代，而在閱讀的時候，你不會覺得它不合時宜，也不覺得它很古老。

還記得女兒四歲時，我與她一同觀賞改編自《清秀佳人》的卡通影片，她著迷於紅髮安妮的表現，我則體會著瑪麗拉兄妹為人父母的心情。當安妮要離家求學時，瑪麗拉捧著安妮小時候的衣服背對著鏡頭哭泣，她感嘆時光過得太快，我忍不住也哭了。這時，女兒抱著我說：「媽媽，我不會那麼快長大，我不會離開妳的。」童言童語惹得我破涕為笑。**經典故事就是這麼能跨越時空，同時打動兩代人的心。**

這套書裡面的故事都曾被改編成影片，因此，很多人即使沒有看過書，也都知道這些故事，而知道故事後再回來讀這些書，那感覺就像和老朋友會面一樣，既溫馨又甜蜜。

例如，改寫自中國長篇歷史故事的《岳飛》和《三國演義》，可說家喻戶曉，大家多多少少都知道一些精彩片段，若能重新再透過文字咀嚼一次，將片片段段組合起來，那不完整的印象便具體了，成了可以跟孩子分享的材料。

而《安妮日記》紀錄一段悲慘的歷史，透過一個小女孩的眼睛，讓大家看到戰爭的殘酷及人權被迫害的可怕，世界上人人生而平等，不管膚色、種族、性別，大家都有同樣的生存權利，這樣的態度在現今世界更需要存在。

談到「生存權利」，自然想到《海倫．凱勒》這本書，一個又聾又盲的女孩，要如何活出自己呢？在那個科技不是很發達的時代，聽不到、看不到的孩子要如何學習呢？想起來就讓人充滿無力感，可是，沙利文小姐憑著無比的耐心，對海倫循循善誘，讓她的人生出現了光明，這是非常激勵人心的真人實事，在我們佩服海倫之際，同時想想自己是否有克服困難的決心，大人小孩互相勉勵！

同樣以小女孩為主角的故事《海蒂》，敘述一位自幼失去雙親、由姨媽撫養的女孩，五歲那年被帶到阿爾卑斯山的牧場和爺爺生活，三年後又被帶到城市陪伴不良於行的小姐，女孩雖然樂觀開朗，卻壓力過大出現夢遊情形，最後重回她念念不忘的牧場，開心的過著簡單而幸福的生活。不同於小女孩的成長故事，屬於小男孩的《湯姆歷險記》則展現了另一種生活樣貌；而從男孩的冒險到青年的冒險，《魯賓遜漂流記》裡的主角則帶讀者遠航到更遠的地方，度過不可思議的荒島生活。不同於湯姆和魯賓遜在大自然中的冒險，《環遊世界八十天》的福克先生帶著我們馬不停蹄的繞著地球跑，過程刺激極了；更刺激的是《福爾摩斯》與華生的偵探故事，會讓人腦筋跟著動不停。

閱讀可以解放禁錮的心靈，讓人「身處斗室、心去暢遊」，當你的心乘著想像的翅膀飛向千里之外時，就像真的經歷了一趟豐富的旅行，這種美好的體驗，孩子們一定要擁有。

經典名著歷經數百年依舊在世上流傳，一定有它立足不墜的地方，不管家長陪孩子或老師引領學生，這些作品都是很棒的選擇。讓大家一起來閱讀經典作品，串起代代閱讀的記憶吧！

林偉信（台灣兒童閱讀學會顧問、誠品文化藝術基金會「深耕計畫」顧問）

這套【影響孩子一生的人物名著】系列中的主角們，沒有因為自己的出身或是生活環境的困頓，自我設限，自怨自艾，反倒都是**努力掙脫宿命的桎梏，積極追求生活中的各種可能發展**，創造出各種新的意義，為自己的人生書寫出一篇篇撼動人心的美麗篇章。藉由閱讀這些「人物」的故事，我們不僅可效法他們的典範，激勵心志，有勇氣去面對與克服人生中各式各樣的困難與挑戰，並且，也因為透過故事的閱讀，讓我們了解：「每一個人的背後都會有一段故事」，因此，在生活中，就更能了解個別特質、尊重差異，給予他人更大的關懷與慈悲。

張璉（東華大學歷史系教授兼圖書館前館長）

兒童接觸閱讀，多半是從寓言、傳說，或者童話、神話故事起步，在充滿異想、奇幻式的萬花筒世界中，可激發兒童豐富的想像力與探奇心，即便如卡通或兒童電玩也不例外，皆以饒富想像、靈活幻化的情節為題材，然後寓教於其中，逐步導引兒童認知這個多采多姿的世界。

人物故事或傳記就大不同了，不論是文學體裁或以傳記、日記的形式，都是以現實生活為場景描寫人生故事，與充滿想像、不受框限的題材迴異。現實人生既不幻化，也缺乏異想，更不似神話，**人物故事或傳記裡的主人翁，在現實世界中或因堅毅的生命、或品格操守、或智慧卓絕、或不畏艱險等等，不同的人生經歷皆可做為孩子們學習效法的典範。**

目川文化精選十冊人物故事叢書，有中外文學名著、日記及人物傳記，非常適合中高年級的兒童閱讀。大部分的小朋友不大主動閱讀人物傳記，需經家長或老師的引導，為他們開啟另一扇窗。閱讀人物故事，能更認識這個世界與中外古今人物典範。

讀安妮的日記，彷彿通過一位猶太少女的雙眼，看見為避納粹迫害而藏於密室的悲慘世界，也從安妮坦誠而幽默的文筆，讀到在艱困中的心靈成長。從命運坎坷的海蒂身上，可嗅出天真樂觀的特質，終而翻轉了頑固的爺爺，也改變身障富家千金的人生觀。從湯姆的歷險，看到一個古靈精怪的頑皮少年，在關鍵時刻竟然變得勇敢而正義。又如，熱愛航海的魯賓遜，不幸漂流至荒島，為了求生存，怎樣在孤絕環境下發揮強大意志力與求生本能，令人好奇。從福爾摩斯的辦案，可學到邏輯推理、細微觀察與冷靜縝密的思考。再如，精忠報國的岳飛，力圖恢復失土，率領大軍討伐金軍，卻遭奸人所害，雖壯志未酬，但他堅貞愛國的情操永留青史。中國「四大奇書」之一的《三國演義》，從劉關張到魏蜀吳，從諸葛亮到司馬懿，鮮明的人物形象與詭譎多變的智謀，既是談亂世的歷史，更是談仁義節操與智慧人生。

在眾多書海中，尤以人物故事對人們的影響最深，書中的主人翁能深入孩子的內心世界，與之同喜同悲，「品格教育6E」第一步就是樹立典範（Example），因此，必須慎選優良的人物故事，不僅獲得人生智慧，更是品格學習的榜樣，為孩子及早建立形象楷模與正確的價值觀。

吳在媖（兒童文學作家、中英文繪本講師、少年小說導讀人）

這套書每一本書名，很多父母小時候應該都聽過，書名耳熟能詳，但內容可能有各種版本的不同，不同的文字，會給讀者不同的感受。

什麼是經典？百讀不厭、不同年紀讀，每次都會有不同的感受。對孩子來說，經典不因時間久遠而疏遠，因為**經典寫的是亙古不變的人性與關係**。對大人來說，讀過的經典，有重溫舊夢，也有新的詮釋與感動。

邀請您一起來讀這套書，感受文字的力量與人性的溫度。

經典不老，歷久彌新。

陳之華（知名親子教養、芬蘭教育專家）

許多父母總會心急又關切地詢問：孩子的成長中，有哪些是必備的養成養分？**我總以為，閱讀習慣的養成、閱讀興致的培養，是極重要的一環**。我兩個目前已成年的女兒，在孩童階段，就有多元與豐富的閱讀經驗，除了圖書館的借閱外，也在家裡的書堆中長大。

家裡的各類叢書，宛若一個小型圖書館，彙集許多經典書冊和孩子喜愛的兒少著作。這些書常常營造出一種氛圍，在每日的生活中，成了看似有形卻無形的一種吸引孩子去接近它們的養分。有書在家，不僅帶給孩子一個有故事、有各種插畫與繪圖的環境，也會讓她們感到心有所屬，更讓她們在每隔一段時日中，總會再次拾起同一本書去閱讀，因而產生年歲不同的領悟。

近日一項由澳洲國立大學進行的研究指出，**孩童在幼年時期，家中的藏書、叢書愈多，孩子在日後的認知能力與知識發展的表現，都將更佳。**的確，孩子往往能透過不同的故事，開拓他們對世界的認知能力與想像力，目川文化出版的【影響孩子一生的人物名著】系列中，涵蓋了十本東西方精采可期的人物故事，有二戰時期飽受納粹迫害的《安妮日記》、紅髮俏皮的加拿大女孩《清秀佳人》、美國兒童名著《湯姆歷險記》、瑞士阿爾卑斯山上的《海蒂》、成就不平凡自我的美國聾盲《海倫·凱勒》、流落荒島二十八年的《魯賓遜漂流記》、英國紳士的《環遊世界八十天》、英國著名偵探《福爾摩斯》、精忠報國的《岳飛》，以及非讀不可的中華經典《三國演義》。

閱讀這些已然跨越了年代、國家與文化的經典人物傳奇，認識有別於自己成長環境的國度、歷史和文化背景，透過閱讀書中主人翁的成長、生命或冒險故事，孩子將有機會學習到韌性、勇氣、堅持、寬度、同理等能力。而從這些不同的角色中，孩子也必然有機會從中對比或想像一下角色互換的情境與心境，從而了解自己可能的想法、勇氣與作為。

陳孟萍（新竹縣竹中國小閱讀寫作專任教師）

孩子的成長與學習需要典範！

閱讀一本好書，彷彿站在巨人的肩膀上，讓人看到更高更廣闊的世界；從書中人物所經歷的種種困境，更可以讓人在閱讀時感同身受，獲得共鳴。這一套【影響孩子一生的人物名著】，

正有如此的正向能量，能給予孩子們成長時內化成學習的養分：

《安妮日記》在安妮的身上學到不向逆境低頭的正向人生觀。

《清秀佳人》在安妮．雪莉的身上看到堅持到底的毅力。

《海倫．凱勒》從海倫．凱勒的奮鬥懂得珍惜自己所擁有的一切。

《海蒂》在海蒂的成長中見證永不放棄的力量。

《湯姆歷險記》從調皮善良的湯姆身上，看到機智勇敢讓人激發出前進的動力。

《環遊世界八十天》在福克先生的冒險中，體會隨機應變、冒險犯難的精神。

《福爾摩斯》冷靜思考、敏銳觀察是福爾摩斯教會我們的事。

《魯賓遜漂流記》在孤立無援時，勇氣與希望是魯賓遜活下來的支柱。

《岳飛》直到生命最終仍然恪守「精忠報國」的誓言，是岳飛為世人樹立的典範。

《三國演義》從歷史事件鑑古知今，在敵我分明的史實中見賢思齊，見不賢內自省。

強力推薦這系列經典名著，給正值青春年少的孩子們最棒的心靈滋養！

許慧貞（閱讀史懷哲獎得主、花蓮明義國小閱讀推動教師）

為什麼要讀「人物傳記」的書

是什麼樣的人物，能夠經過時代的考驗，創造出一片屬於自己的天地，留下值得紀錄的典範？藉由人物傳記的閱讀，我們可以在這些名人身上，找到很多值得學習的美好特質，這對還在學習階段的孩子而言，可以說是相當重要的閱讀資源。

在孩子成長的過程中，難免不只一次地被問到：長大以後要做什麼？多數孩子的答案，可能也就是醫生、律師、老師、科學家……之類，很容易獲得大人賞識的標準答案，至於那是不是自己心底真心的期盼？可能都心虛地答不上來。

或者，未來對孩子來說還遙不可及，充滿了未知的變數，但同時也有著無限的可能，在滿懷期待與盼望的年少時代，**孩子多讀一本傳記，就像多交了一位豐富的朋友**。此時，讓孩子看看書裡的人物是如何認真的過日子，辛苦的為著理想奮鬥，其中的過程或許滿是挫敗，但他們終究還是闖出了屬於自己的一片天。

透過這些人物的故事，孩子或可從中領略出自己將來想成為一個什麼樣的人，而他們曾經走過的路，遇過的挫折，也將成為孩子人生路上最好的借鏡。

劉美瑤（兒童文學作家、台東兒童文學所）

關於書籍規劃，目川文化真的很用心，尤其是在翻譯上面字斟句酌，讓整部作品讀來更有韻味，在上一套影響孩子一生的【奇幻名著】中，力邀我為每一本深入撰寫每部作品的文學價值。新的這套【人物名著】，選作兼顧中外名典，角色豐富，有勇猛剛毅的男主角、調皮卻不失真誠的頑童、慧黠溫暖的孤女，以及陷於逆境卻始終向陽生長的堅毅女孩。這套作品中，我尤其喜歡用微笑感動他人的海蒂，以及善於用文字逐夢踏實的清秀佳人安妮·雪麗。我推薦大小朋友們繼續支持，因為讀者不僅能從作品裡的每一位人物身上汲取到愛的溫度、明亮的思考，更重要的是藉由閱讀他人的故事，我們能擴展看待事情的角度，學會用兼具勇敢與溫柔的態度去面對未來的挑戰。目川文化【影響孩子一生的人物名著】，真誠推薦給您！

游婷雅（閱讀理解教學講師、電台「閱讀推手」節目主持人）

「帶著歷史背景知識」以及「不帶歷史背景知識」閱讀《安妮日記》是否會讀出不同？

先理解安妮，再加入後記與歷史背景的詮釋

當孩子在閱讀《安妮日記》時，請先不要急著灌輸他們「背景知識」，這本日記的內容是可以完全不需要歷史背景知識來閱讀的。請先試著讓孩子們讀一讀當時安妮眼中的世界，安妮最感困擾的是什麼？安妮期待的是什麼？那些困擾和那些期待，與現代的我們有沒有什麼相同或不同？

安妮就是個十三歲的孩子。安妮在乎的、關心的和所有十三歲孩子都一樣。甚至她原本的成長環境也跟多數幸福的十三歲孩子們一樣。但，安妮和我們哪裡不一樣？這本日記寫到安妮幾歲？日記結束後的安妮怎麼了？

瞭解了安妮所處的歷史脈絡後，再從不同的觀點反思

再問一次，安妮和我們十三歲的孩子們哪裡不一樣？（她是猶太人，除此之外，似乎與我們都一樣。）猶太人為什麼會遭受到迫害？迫害他們的人有著什麼樣的想法？他們覺得自己比

較優越嗎？我們呢？我們有沒有覺得自己比什麼人優越呢？我們是不是也會因為這樣的想法，而不經意的「迫害」他人？無論是用肢體或是言語。

再想想。如果你是《安妮日記》中的庫格勒先生和克萊曼先生，你會不會幫助安妮一家人？你會不會冒死援助猶太人？如果你的爸爸考慮不顧自己和家人的安危，冒險幫助猶太人，你會怎麼告訴他？

這段歷史不應該只是喚起譴責而已，更要藉以認識人性，避免同樣的歷史重演。《安妮日記》所延伸出來的議題，是非常重要且在不同年代普世皆宜的。從猶太屠殺到當代的「緬甸軍隊殲滅羅興亞人」的問題，甚至是難民問題，都是能讓讀者延伸閱讀並比較省思的重要議題。

青少年自己閱讀時，讀十三歲安妮的生活與想法。

師長帶領孩子閱讀時，可以一起找出更多其他的史料，然後加以討論。

大人再次閱讀時，更可以與現今當下世界所發生的時事加以比較與思考。

經典人物小說是勵志、激勵人心的書籍，也是讓人透過歷史反思的媒介。讀一本像《安妮日記》這樣的經典書籍，可以**讓我們體會在逆境中努力生存，依舊保持希望與夢想，即便結局不甚美好，也能讓當下的生命更豐富精彩。**

二戰，德國納粹 *2

專文導讀

李博研

漢堡大學歷史碩士

「故事：寫給所有人的歷史」專欄作家

第一部分：為什麼？

歐洲反對猶太人的理由很多。早在一千多年前，因為早期基督教堂不允許借貸，所以不信基督教的猶太人便填補了這個空白，成為基督徒的債主。

到了一百年前，恐怖的第一次世界大戰剛剛結束。德國簽下了恥辱的《凡爾賽和約》，上面規定：基於德國是侵略者的身份，所以必須擔負超過二千億馬克的賠償。幾年後德國的經濟更是快速崩潰，人民生活苦不堪言，整個酒吧的人目不轉睛，盯著那位唯一有錢點杯啤酒的人。

《凡爾賽和約》簽訂 *1

就在這時，一個叫做納粹黨的黨派崛起，它允諾還給德國人平靜的生活，更重要的是：一個光榮的德國。很多人立刻被納粹黨給吸引過去，但是這場恢復國家光榮的運動，卻要以別人的血作為代價。納粹黨從一上台開始，就不斷將德國衰敗的錯誤，歸咎到少數、而又富有的一個族群身上：猶太人。

那時每一百個德國人裡，才有一個具有猶太血統。當納粹黨高呼著「恢復德國的光榮」時，人數稀少的猶太人就被當成整個國家的代罪羔羊。

隱約可見的風暴，正朝著安妮一家襲來……

安妮之家，荷蘭阿姆斯特丹 *4

第二部分：這是怎樣的生活？

筆者在荷蘭阿姆斯特丹排了超過三個小時的隊，終於進入了「安妮之家」。很難想像在這個只要輕輕一踩上去，木頭地板就會發出巨大聲響的小小空間裡，安妮她們八個人到底是怎麼躲過整整兩年，卻不被發現的？

時間回到一九三三年一月，希特勒終於成為德國總理。但這對整

作者，安妮・法蘭克 *3

躲匿的密室（右）模型剖面圖，
看得出有前棟和後棟 *6

個歐洲的猶太人來說，就是他們悲慘命運的開始。猶太人不能擔任公務員、醫生或法官；不能出入澡堂、音樂廳等公共場所，更不能與德國人通婚。猶太人必須在外衣繡上識別的黃色「猶太之星」。一九三八年十一月九日，整個德國更是爆發迄今為止最瘋狂的排猶運動——德國人瘋狂砸毀所有猶太人的會堂、商店、住宅，到處都烈焰飛騰，整個天空被染成一片血紅，而猶太男女老幼在逃出火窟的時候，有很多被殺死了。後來，德國人還根據那天被砸得滿地的碎玻璃，給這恐怖夜晚取了一個優雅的名字：「水晶之夜」。

「水晶之夜」，德國反猶太人的行動 *5

德國的排猶運動很快地蔓延到其他被德國佔領的國家，也包括安妮她們所在的荷蘭。為了躲避納粹的追捕，安妮等八個人，都躲進了「密室」中——那其實就在距離自己家裡不遠，爸爸公司樓上的小閣樓裡。在那裡，許多看起來平常的日常生活，突然間都變得不可思議的困難。

第三部分：什麼未來在等著我？

筆者看著集中營裡的床。床好小，好像是給小孩睡的。很難想像這張小小的床上竟然得同時擠下五個人。即使所有人都餓到只剩二、三十公斤，大家依舊只能側躺，只要有一個人翻身，其他所有人也都要跟著翻。

一九四二年一月二十日，柏林附近萬湖畔的一座優美別墅中，納粹高官齊聚在這裡開會。整場舒適溫馨的會議只持續了九十分鐘，之後大家便去享用美酒及點心。但是在這場萬湖會議裡，納粹達成一個最恐怖的方案：「最終解決方案」。納粹決議，將全歐洲一千一百萬名猶太人「由西向東」驅逐，並且在東歐設置滅絕營，徹底清除全歐洲的猶太人。

小小年紀的安妮沒能活過戰爭時期。一九四四年八月四日的早上，五個秘密警察手上拿著槍，終於破獲了安妮的「密室」。安妮的日記被扔在地板上，所幸被德國朋友仔細的收藏起來，等待日後重見天日的那一天。但是，安妮就沒那麼幸運了。她們隨著無數的猶太人被運往東歐，送到最大的猶太人屠殺場。

行駛了整整六十個小時後，擠到幾乎無法坐下的貨車門突然打開。「所有人下來，你們現在已經到達奧斯威辛了！」管理員大聲喝斥。奧斯威辛集中營（Konzentrationslager Auschwitz-Birkenau）是最大的猶太人屠殺所，高達三百萬猶太人在此地被滅絕。車上囚犯搖搖晃晃的下來，只見火葬場的大煙囪冒出濃濃的煙。猶太人排成數列，一邊被喝斥毆打，一邊走過荒涼的廣場。在這裡，老人、小孩和其他沒有工作能力的人，會被帶去「洗澡」。當然，洗澡只是一個藉口，事實上他們是要被帶去毒氣室撲殺。

猶太人被火車送至集中營 *7

還有工作能力的，則被剃光頭、穿上條紋衣、像牲畜一樣在手上刺上號碼。男女必須分開，安妮的爸爸法蘭克從此再也沒看到自己的妻女，直到戰爭結束後才得知她們的處境……

隨著重度勞動，安妮的媽媽已經非常虛弱，但是有次在看到黨衛軍想強暴自己的女兒，立刻不顧一切衝上去與衛兵扭打成一團。媽媽立刻被帶走，安妮與自己的姊姊瑪格特，再也沒看到自己的媽媽。

一九四五年二月，安妮姐妹都染上了重感冒。瑪格特讓安妮睡在下鋪，自己爬到上鋪；但是因為實在太虛弱，有天一個不慎，姊姊直接從上鋪摔了下來，立刻斷了氣。

看著姊姊過世，安妮頓時失去所有的力氣，喃喃自語說：「父親與母親恐怕也已經死了，我回家還有什麼意思呢？」三月初的某一天，安妮靜靜的嚥下最後一口氣。兩個月後，德國宣布無條件投降。

安妮日記原稿 *8

安妮的死道盡了納粹的所有殘酷罪行，但是安妮表現出來的勇氣，卻讓人們對人性始終抱持著一線信心。在戰爭結束後，盟軍司令艾森豪上將下令：盡可能把集中營的一切全都記錄下來，就是為了避免之後，有些人否認這些事情的存在。《安妮日記》作為這一整個時代的紀錄，也昭告著世人：一旦人們選擇遺忘了歷史，歷史便會再次發生。

第一章　生日禮物

一九四二年六月十二日

我會對你無話不說。

一九四二年六月十四日　星期日

那天，六月十二日，我的生日，我一早醒來，驚喜的看見你和其他的生日禮物一起被擺在我的桌上。親愛的日記，你知道嗎？你是我收過最好的禮物。

一九四二年六月二十日　星期六

寫日記，你能想像嗎？我以前從來沒有寫過東西，而且有誰會對一個十三歲女學生的自白感興趣呢？不過這並不重要，我就是想寫，把心裡的話全說出來。

紙比人有耐心。我不想把這個硬皮「日記本」拿給什麼人看，除非有一天我找到一位真正的知己，否則誰也不會讀到這本日記。

為什麼我要寫日記呢?因為我沒有朋友。
有誰會知道,一位十三歲的少女竟感到如此孤獨。我有疼愛我的父母,一個十六歲的姊姊,還有大約三十個可以稱做朋友的人。我也有一群追求者,他們在課堂上會用破裂的小鏡子偷看我。可是,我跟誰都無法推心置腹。我需要一位知己。
就讓這本日記當我的知己吧!我還要給這個朋友取名叫做「吉蒂」。
我的父親,是最可愛的一位父親,三十六歲時和我的母親結婚,那時我的母親二十五歲。我的姊姊瑪格特於一九二六年在德國法蘭克福出生。接著,我在一九二九年六月十二日出生。我們是猶太人。父親在一九三三年來到荷蘭,當上生產果醬的荷蘭奧培克塔公司的經理,後來他把我們一家人都接到荷蘭定居。
我們的生活並非從此平安無事,留在德國的親人受到希特勒鎮壓猶太人的法律迫害。在一九三八年的大屠殺後,我的兩位舅舅逃到了美國。
一九四〇年五月以後,德國人進駐荷蘭,猶太人更是苦不堪言。反猶太人的法律接踵而來:猶太人必須佩戴一個黃色六角星;猶太人必須交出自己的腳踏車,不許乘坐電車,也不許開車;猶太人只能在下午三點到五點之間在指定的猶太人商店買東西,也只能去猶太人開的理髮店;晚上八點到早上六點,猶太人不准在街上走動；猶太人不可以在花園或是陽臺上逗留；猶太人不得進入劇院、電影院或其他遊樂場所，也禁止去游泳池等體育場所；猶太人只能上猶太學校……。這也不准、那也不准，甚至有人說：「我已經什麼都不敢做了。」

雖然如此，至今為止，我們一家四口過得還算不錯。

一九四二年六月二十日星期六

我正式啟用日記的日子，就從今天開始吧！我們五個女孩組成了一個乒乓球俱樂部，名字叫：「小熊星座減二」，這是一個將錯就錯的怪名字。本來，我們想取一個特別的名字，因為我們一共有五個人，所以我們馬上就聯想到了小熊星座，我們認為它總共有五顆星。可是，我們搞錯了。小熊星座其實有七顆星，和大熊星座一樣。這就是「減二」二字的由來。

一九四二年六月二十一日 星期日

親愛的吉蒂：

我和學校的老師相處得都還不錯。

教數學的老師有段時間非常討厭我，因為我上課時很愛講話。他罰我寫一篇作文，題目是：「話匣子」。我寫了整整三頁，對自己滿意極了。我提出的論點是：愛說話是女人的天性，我盡力地改正過，但永遠不可能完全改掉，因為我的母親也跟我一樣愛說話，而對於遺傳，人們通常是無能為力的。

老師嘲笑了我的論點，然後當下一堂課，我又在課堂上說話時，他罰我寫第二篇作文，題目是：「本性難移的話匣子」。後來他又宣布：「安妮．法蘭克，因為上課說話，罰寫第三篇作文，題目是：『喜歡饒舌的鴨小姐說：『呱、呱、呱』」。

我有一位很會寫詩的朋友自告奮勇幫我完成了這篇作文，全文押韻，棒極了。這首詩描寫鴨媽媽、天鵝爸爸與三隻小鴨的故事。三隻小鴨因為叫個不停而被天鵝爸爸咬死了。老先生明白了這個笑話，他在班上朗誦這首詩，後來也在別的班級朗誦過。從此以後，我上課時也可以講話了，而且再也沒被罰寫作文。

安妮

一九四二年六月二十四日星期三

熱死了。每個人都氣喘吁吁的，即使是在這樣的大熱天，我們無論到什麼地方，依舊得步行。現在我才知道搭乘電車，尤其是坐敞篷車有多麼舒服了！但這不是我們猶太人能持續享受的。能用雙腳走路，也許就已經夠好了。唯一還允許我們使用的交通工具是渡船。熱心的船夫聽到我們的請求後，立即把我們載到對岸。

一九四二年七月五日 星期日

升級典禮結束了。我的成績不錯，只有一科代數不及格。家人都很高興。我的父母從來不會過於看重成績，只要我的身體健康、不要太調皮，開開心心的就好。

姊姊瑪格特的成績像以往一樣出色。她真的好聰明！

爸爸最近經常待在家裡，他已經不再管理公司事務。克萊曼先生接管了奧培克塔公司，庫格勒先生接管了吉斯公司——這是一家一九四一年才成立的香料公司。

幾天前，我們在住家附近的廣場散步時，爸爸開始說起躲藏的事：「一年多以來，我們都在為躲藏做準備。把衣服、食品和家具交給別人，就是為了能及時逃離。我們不想財產被德國人侵吞，但我們更不願落入他們手中。所以，我們要主動離開，不能等他們來抓走我們。」

我心裡害怕起來：「什麼時候呢？爸爸！」

「別擔心，我們會處理好所有事情的。你就把握現在，享受一下無憂無慮的生活吧！」

啊！但願那些憂慮還在遙遠遙遠的未來！

一九四二年七月八日 星期三

親愛的吉蒂：

從星期天早上到現在，就像是過了好多年一樣。發生了好多事，世界彷彿瞬間崩塌！可是我還活著，吉蒂，爸爸說這是最重要的。是的，我的確還活著，請別問我在哪裡、是怎麼活下來的。你大概聽不懂我在說什麼。我這就告訴你星期天發生的事情。

當時我正懶洋洋地躺在躺椅上看書，瑪格特激動地走過來，小聲地說：「爸爸接到納粹黨衛隊的召集令。」召集令！集中營和牢獄的畫面頓時閃過我的腦海。瑪格特接著說：「媽媽和范丹先生（我們家的好友，也是爸爸公司的合夥人）正在商量是否明天就一起躲到我們的密室去。」

要躲到哪裡去呢？城市、鄉下？房子還是小閣樓裡？什麼時候？又要怎麼躲藏？我坐立不安。

瑪格特和我開始把我們最需要的東西裝進書包。我拿的第一樣東西就是這個日記本，然後是捲髮夾、手帕、課本、梳子和舊信件。回憶比衣服更重要，不是嗎？

天黑前，爸爸終於回來了。梅普和她的新婚丈夫詹・吉斯後來也來了，用一個黑色的大袋子帶走我們準備好的鞋子、褲子、內衣和書籍。

我非常睏，雖然我知道這是我在自己床上睡覺的最後一夜，我還是馬上就睡著了，直到第二天早上五點半被媽媽叫醒。七點半，我們告別了屋子，只求安全的到達目的地。那一天，溫暖的細雨下個不停。我們穿上一層又一層的衣服，就像是要在冰箱裡過夜一樣，這是為了能多帶一些衣服。沒有一個猶太人敢提著裝滿衣服的箱子出門，所以只好盡量穿在身上。

安妮

一九四二年七月九日星期四

我們就這樣在無邊的大雨中走著，清晨上班的人們投來同情的目光，似乎為不能向我們提供任何交通工具而感到遺憾。

爸爸、媽媽和我們說了整個躲藏計畫。我們已經盡可能地把生活用品和衣服移走，原本預計在七月十六日那天搬過去，但那個召集令讓我們不得不提前行動。

密室就在爸爸公司的辦公樓裡。除了管理倉庫的先生和兩個年輕雜工，那裡的其他人員都知道我們要來：庫格勒先生、克萊曼先生、梅普，還有打字員貝普。

躲藏的房子隔局是這樣的：建築物一共有四層樓，底層有一間大倉庫，裡面分隔出幾個空間。倉庫入口處的旁邊是屋子的正門。進門後，走上一道樓梯，會看見一扇毛玻璃門，裡面是寬敞明亮的辦公室。貝普、梅普和克萊曼先生白天會在這裡辦公。

穿過走道，是小小的經理室，從前庫格勒先生和范丹先生都在那裡辦公，現在只有庫格勒先生一個人了。從走道通過一扇玻璃門也可以直接進入這間辦公室，那道玻璃門只能從裡面打開，從外面不容易進去。從庫格勒先生的辦公室出來，沿著細長的走道，再爬上四個階梯，就來到整幢房子最豪華的部分：董事長室。

從樓下的走道登上一道木梯，來到一個樓梯間。樓梯間左右兩邊都有門。左邊的門通向前面的倉庫、閣樓和頂樓。走廊另一邊還有一道長長的荷蘭式樓梯通向第二扇臨街門。

樓梯間右邊就是「密室」。不會有人想到，在這扇漆成灰色的普通門板後面，還隱藏著這麼多房間。門前有一道門檻，跨過門檻就能進到裡面。這扇門正對面是一道很陡的樓梯；左邊有一條小走道和一間屋子，這間屋子就要成為我們法蘭克家的起居室兼臥室。旁邊還有一間小一點的房間，是法蘭克家兩個女孩的臥室兼書房。樓梯右邊是一個沒有窗戶的小房間，裡面有一個洗手盆和一個廁所，有一扇門通向瑪格特和我的臥室。

走上樓梯，是一間寬敞明亮的房間，有壁爐和煤氣。這裡是范丹夫婦的廚房和臥室，兼做公共起居室、餐廳和書房。還有一個很小的房間，將成為彼得的房間。另外，和走廊一樣，這裡也有閣樓和頂樓。

一九四二年七月十日　星期五

親愛的吉蒂：

我喋喋不休的描述我們的住處，一定讓你感到很無聊吧？不過，我想你還是

應該要知道我是怎麼來這裡的。

我們到了普林森運河街二六三號後，跟著梅普穿過那條長長的走道，直接上樓進入密室。房間裡堆滿了我們原先儲備的東西，我們不得不馬上進行整理，以便晚上能在鋪得整整齊齊的床上睡覺。星期二，貝普和梅普拿著我們的食物配給券去採購，我們又是從早忙到晚，讓我根本沒有時間去思考生活中的巨大變化。

安妮

一九四二年七月十一日 星期六

親愛的吉蒂：

爸爸、媽媽和瑪格特一直不習慣韋斯特鐘樓每十五分鐘就報時一次的鐘聲。我卻對鐘聲感到十分親切，特別是在夜裡。這裡永遠比不上自己家，但也不討厭，我覺得像是在一間別墅裡度假，儘管我們其實是在避難。這裡走廊歪斜，濕氣也很重，但是我想，在整個荷蘭，大概再也找不到一個比這裡更舒適的藏身之處了。

爸爸把我搜集的明信片和明星照片都帶來了，我把它們貼在牆上，房間看起來歡快多了。我們第一天就裝上窗簾，把它拉上以免我們被鄰居發現。我們的鄰居是一些公司行號和家具工廠，下班後那些房子裡都不會有人，但是我們這裡的聲音有可能會傳過去。所以，即使瑪格特的感冒很嚴重，她也不敢咳嗽。我們給她吃了很多止咳藥劑，讓她不會在夜裡咳嗽。

我們盼望著星期二范丹一家人的到來，到時候生活就不會這麼冷清了。

安妮

一九四二年七月十二日星期日

我覺得自己跟媽媽和瑪格特漸漸疏遠了。今天中午，因為媽媽的字跡很難辨認，所以我想把她的購物清單重抄一遍，結果卻被她狠狠地訓斥了。她們的感情很好，我覺得自己和她們格格不入。爸爸有時會理解我，但他通常都站在媽媽和瑪格特那一邊。

我在這裡常常做白日夢，但現實是我們不得不待在這裡直到戰爭結束，我們永遠不能出門，造訪的客人只有梅普夫婦、貝普、庫格勒先生和克萊曼先生。

第二章　范丹一家

一九四二年八月十四日星期五

范丹一家為了安全，提前一天在七月十三日來了。彼得．范丹是個身材瘦長、靦腆的男孩，還不到十六歲。范丹太太竟然帶來了夜壺，她說：「我沒有夜壺，會睡不安穩的。」

范丹一家比我們在外面的世界多待了一個星期，所以有更多外面的故事可以講給我們聽。關於我們一家人的失蹤，人們發揮了可笑的想像力，有人說早晨看見我們全家騎著自行車離開了，還有位女士斷定我們是在半夜被一輛軍車載走的。

一九四二年八月二十一日星期五

庫格勒先生請木工沃斯庫基爾先生做了一個旋轉櫃子，櫃子能像門一樣開關，就放在密室的入口用來偽裝以防德軍的搜查。

這裡的生活並沒有太多變化。范丹太太和我相處得不好，但她很喜歡瑪格特。

彼得那個人整天懶洋洋的，躺在床上消磨時間。媽媽總是把我當成小孩子，真讓人受不了。

幸好，外面的天氣晴朗暖和，讓人的心情也跟著明朗起來。

一九四二年九月二日星期三

范丹先生和范丹太太大吵了一架。我還從來沒有見過這種事，因為我的父母親絕不會這樣大聲對罵。彼得夾在中間肯定很為難。

媽媽和范丹太太相處得不太好，都是為了一些雞毛蒜皮的小事。比如，范丹太太從我們共用的衣櫃裡把床單全拿走，只剩下三條，這令媽媽大吃一驚。吃飯時用的是范丹家的餐具而不是用我們家的，這也讓范丹太太非常生氣。

一九四二年九月二十一日星期一

親愛的吉蒂：

我跟你講一講密室的日常情況吧！

我的沙發床上裝了燈，夜裡我如果聽到槍炮聲，只要拉繩子就可以開燈。

范丹太太真叫人受不了。她不願意洗鍋子，如果鍋裡還有一些剩飯剩菜，她不會把它盛到碗裡，而是任由它在鍋子裡發霉。等到中午瑪格特在洗很多鍋子的時候，范丹太太還會在一邊說風涼話：「啊！小瑪格特，你可真要忙壞了！」

克萊曼先生每隔一個星期會給我帶幾本女孩子看的書。

我花了很多心力學習法語，每天記五個不規則動詞。學校裡學的東西我忘了好多。彼得唉聲歎氣的重新學習英語。爸爸要我教他荷蘭語，我覺得很好，這樣可以當作他教我學法語和其他的功課回報。可是，他學荷蘭語時犯的錯誤簡直叫人難以置信！

我發現冬天我只有一件連身裙和三件毛衣，真讓人鬱悶。不過，爸爸同意我為自己織一件白色毛衣。毛線不是很好看，可是很保暖。我們還有一些衣服存放在別人家裡，但要等到戰爭結束後才能取回。

剛剛我正好寫到范丹太太的時候，她進到房間裡了。我啪的一聲闔上日記本。

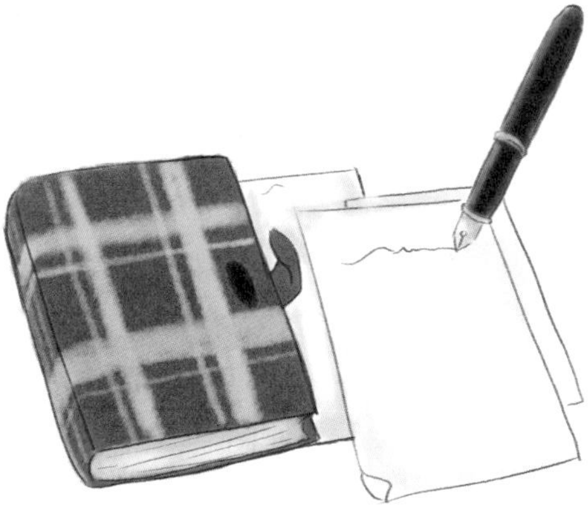

「安妮，我可以看一下嗎？」
「不行，范丹太太！」
「只看最後一頁可以嗎？」
「不，那也不可以，范丹太太。」
我嚇了一大跳，因為她在我的日記本裡實在是形象不佳。
就這樣，每天都會發生一些事，可是我覺得又懶又累，所以沒有全部記下來。

安妮

一九四二年九月二十五日 星期五

親愛的吉蒂：

有時晚上，我會去找范丹一家人聊聊天。我們一邊吃「樟腦餅乾」（餅乾盒放在有樟腦丸的衣櫃裡），一邊開心地聊天。最近的話題圍繞在彼得身上。我告訴他們，彼得最近常常摸我的臉，我不喜歡這樣。范丹夫婦用一種大人們典型的說話方式說，彼得肯定像喜歡自己姊妹一樣喜歡我，問我可不可以學著喜歡彼得，就像喜歡一個兄弟。我心裡想著：「天啊！拜託不要。」。但我告訴他們，彼得有點拘謹，也許他只是害羞，沒有和女孩子交往過的男孩，都是這個樣子的。

安妮

一九四二年九月二十七日 星期日

親愛的吉蒂：

我剛和媽媽大吵了一架，我覺得她一點也不瞭解我的想法，對她而言，我只是個陌生人。我和瑪格特相處得也不是很好，雖然我們從來沒有爆發過類似的爭吵。她們對我來說是那麼的陌生。我了解我的朋友，勝過於了解我的母親。不能和自己的親人好好相處，這不是太讓人羞愧了嗎？

范丹太太最近變得更不可理喻了，她把越來越多的私人用品鎖起來。換成是我，我一定會以牙還牙，可惜媽媽不會這樣做。

有些父母不僅管教自己的子女，還特別喜歡數落別人家的孩子，范丹夫婦就是這樣。瑪格特並沒有什麼可以管教的地方，她天生就是個好女孩，善良、友善，還很聰明，但我卻全身上下都是壞習慣。

吃飯時，我喜歡專挑馬鈴薯來吃，綠色蔬菜卻碰也不碰。

范丹太太受不了我這樣，她會說：「來，安妮，吃點蔬菜。」

「不，謝謝，」我回答說：「我吃馬鈴薯就好了。」

「吃蔬菜對身體很好，你媽媽也這樣說。來，吃一點。」她會這樣一直催促我吃蔬菜，直到爸爸出面替我解圍。

范丹太太生氣了，她說：「你們應該到我家來看看，孩子總是要管教的！安妮太任性了，我就絕對不會縱容這種情況。要是安妮是我的女兒的話……」

她的長篇大論總是這樣開始和結束：「要是安妮是我的女兒的話……」幸虧我不是。

最後，爸爸說：「我覺得安妮很好。起碼她對你的嘮嘮叨叨不會頂嘴。至於蔬菜嘛，我只能說，你們是半斤八兩，看看你自己的盤子吧！」

哈哈！范丹太太輸了：她自己晚上絕對不吃豆子和甘藍類的蔬菜，因為她吃了就會不停放「氣」。我也可以說她偏食啊！她還來說我，真是不害臊！

安妮

一九四二年九月二十八日星期一

親愛的吉蒂：

大人們總是為一點芝麻綠豆的小事吵架，真是奇怪！以前我總以為只有小孩才會這樣吵架，長大就不會了。可是沒想到爭吵在這裡變成了家常便飯，而且每次都牽扯到我的身上，真讓人受不了。

他們簡直把我說得一無是處，嚴苛的話語和吶喊充斥著我的腦海，我不想再忍受這種侮辱了，難道我真的像他們所說的那樣粗魯、任性、固執、無禮、愚蠢和懶惰嗎？是的，我知道自己有許多缺點，但我也有優點啊！吉蒂，你知道嗎？老是被這樣責罵和嘲諷，我心裡是多麼生氣啊！更令人生氣的是，我只能聽著他們數落，不能反抗！

尤其是范丹太太，有一次我無意中惹惱了她，她馬上用德語對我破口大罵起來，就像潑婦罵街一樣。如果我會畫畫，我一定要把她這種瘋瘋癲癲、荒唐可笑的姿態描摹下來。我也開始懂了，你只有和某個人吵過一次架之後，你才會真正瞭解他。只有這樣，你才能更準確的判斷他的性格。

安妮

一九四二年九月二十九日星期二

親愛的吉蒂：

躲藏者的奇怪經歷你肯定無法想像吧！

我們沒有浴缸，只能輪流用洗衣盆來洗澡，而每個人選擇用來洗澡的地方，就因各自的性格而有所不同了。

彼得會在廚房裡洗，在洗澡前他會先告知所有人，請大家在這半個小時之內，都別經過廚房。

范丹先生會把熱水提到樓上，在自己的房間裡洗澡。

范丹太太還沒找到最適合的地方，所以到現在還沒有洗過澡。

爸爸在董事長室裡面洗澡。

媽媽則在廚房的擋板後面洗。

瑪格特和我選擇前面的經理室當做浴室，每到星期六下午，那裡就會拉上窗簾，我們得摸黑洗澡，一個人洗的時候，另一人就從窗簾之間的縫隙看向窗外。

星期三，水電工人會來移動水管，將供水管和排水管移到走廊，以免冬天天氣寒冷將水管凍住。這項工程帶給我們很大的困擾，白天我們不能用水，當然也不能上廁所。想上廁所時要怎麼辦呢？我們犧牲了一個開口很大的玻璃瓶，用來當尿壺。水電工人來的時候，我們會把玻璃尿壺放到房間裡使用，真的很不方便。

但還有一件事令我更難受，就是整天都得安靜坐著、不許說話。平時我們還能輕聲細語，但這時候，我們連一句話也不許說、一步也不能走。我的屁股坐了三天，很痛，但晚上做些體操會讓我舒服一點。

安妮

第三章　密室曝光？

一九四二年十月一日星期四

親愛的吉蒂：

昨天我嚇壞了。八點鐘的時候，門鈴突然響了起來。我以為是有人要進來抓我們了。等了一會兒沒有任何動靜，我們才鬆了口氣。後來才聽大家說，應該只是街頭少年，或是郵差按鈴的聲音。

我們像小老鼠一樣，安安靜靜地窩在密室裡。在三個月前，有誰會想到一刻都靜不下來的安妮，也能一坐就是好幾個小時？

九月二十九日是范丹太太的生日，雖然不能舉辦一個盛大的派對，但她還是收到了花和一些小禮物，還有一頓大餐。

說到這，我不得不提及她最近的行為舉止。她總向爸爸賣弄風情，這太過分了。她一會兒撩撩她的頭髮，一會兒摸摸爸爸的臉頰，有時還會拎拎她的裙子，嘴裡說著自以為詼諧的俏皮話。幸好爸爸對她的調情沒有反應。

彼得偶爾也會從他的房間出來。我雖然不喜歡他，但是我們有一個共同嗜好，能帶給壓抑的大家一些歡樂，那就是：變裝。他穿上他母親的連衣裙，頭戴女士帽，扮成女生。我則穿上彼得的西裝，戴上他的帽子，扮成男生。大家笑得臉頰都痛了。

貝普給瑪格特和我買了新裙子，新裙子價格大漲，但布料卻像麻布袋一樣差勁。貝普還給我們三個孩子訂了速記函授課程。等著瞧吧！明年我們就會是一流的速記員了。不管怎麼樣，能用密碼寫東西，都是一件令人感到驕傲的事呀！

我的食指很痛，所以不能熨衣服，這也算是幸運的事。

最後，給你講個滑稽的笑話，是范丹先生說的：

「什麼東西咚咚咚九十九下，然後啪嗒一下？」

那是一條有一隻腳長歪的蜈蚣！

安妮

一九四二年八月二十一日星期五

昨天媽媽和我又起了衝突。她大驚小怪的向爸爸哭訴我的「罪狀」，我忍不住也哭了。我對爸爸說：比起媽媽，我對爸爸的愛更多。爸爸說這只是過渡時期，勸我要忍耐。但我不這麼認為。我快要受不了媽媽了，我得一直強迫自己冷靜，我也不知道為什麼我會這樣。爸爸說，媽媽不舒服的時候，我應該多幫媽媽的忙。但是我不會這樣做的，因為我不愛她。我可以想像媽媽有一天會死，卻怎麼也無法忍受爸爸死去。我知道這樣很卑鄙，但這是我真實的感受。我希望媽媽永遠不會看到這些話，或是我寫的其他內容。

最近我被允許閱讀一些成人書籍。在閱讀《夏娃的少女時代》的時候，我看到書裡寫到女人在街上出賣肉體賺錢，換做是我，肯定會羞慚得無地自容。另外，書裡也提到夏娃有了月經。我多麼希望有月經呀！那樣的話，我就真正長大了。

爸爸又在嘟囔，威脅說要拿走我的日記本。真可怕！以後我要把它藏起來！

一九四二年十月七日 星期三

親愛的吉蒂：

我想像著……

現在我到了瑞士。我和爸爸睡在一個房間，我在那裡招待客人，房裡都是新家具：茶几、書桌、長沙發，棒極了！爸爸給了我一些錢，讓我去買我需要的一切東西，比如襯衫、長褲、最小號的胸罩、睡衣、拖鞋、圍裙、手帕、絲襪等等。

可惜一切只是幻想、只是美夢、只是海市蜃樓。因為我只能躲藏在這裡。

安妮

一九四二年十月九日 星期五

親愛的吉蒂：

今天只有一些壞消息能告訴你。我們許多猶太朋友和熟人一批一批被抓走，蓋世太保對這些人毫不留情。他們被裝進運送牲畜的車廂，送到荷蘭境內最大的猶太人集中營威斯特伯克去。有人逃出來過，他說那裡幾乎沒有東西吃，每天只供水一小時，好幾千人只有一間廁所和一個洗手臺，幾乎沒有飲用水可喝。

逃跑是不可能的。因為集中營裡絕大部分人，只要一看他們剃平的光頭和一副猶太人的長相，就知道他們是從哪裡出來的。

荷蘭的情況都這麼糟了，那些被送到更荒涼地方的人們又會怎麼樣呢？電臺報導，大多數猶太人被送進毒氣室集體屠殺了，光是想像那個畫面就令人膽顫心驚。

梅普講述這些可怕的事情時激動極了。貝普默默無語，她的男朋友被送到德國服勞役。每當英國飛機從屋頂橫空飛過，她就擔心飛機投下的炸彈會炸到她的男朋友頭上。其實，每天都有滿載著年輕人的火車開走。有些人會趁火車在小站停靠時偷偷下車，但只有極少數人能成功逃脫。

我的壞消息還沒說完呢！你聽說過「人質」的事情嗎？這是懲罰破壞者的新手段，沒有什麼比這更恐怖的了。有些民眾祕密組成反抗軍，他們會炸掉德軍的建築物，或是在德軍經過的路上埋設炸彈。如果哪個地方發生破壞行動，無論是有聲望的人物或無辜百姓，全都會被拘捕等候處決。要是查不出破壞份子，蓋世太保就會抓五位無辜百姓當「人質」，執行死刑。報紙上常常刊登著這些死訊，所有這些暴行都被報導成「致命的意外」。

德國人可真是「優秀」的民族，我本來也是其中的一員啊！不、不對！希特勒早就宣布我們猶太人是無國籍者，要把我們趕盡殺絕。我想這個世界上，再也沒有比德國人和猶太人之間，仇恨更深的兩個民族了。

安妮

一九四二年十月十四日星期三

親愛的吉蒂：

我簡直忙翻了。昨天我翻譯了一段文章，接著又做了一些討厭的數學題，還學習了三頁的法語文法。今天要學的是法語文法和歷史。我實在很討厭數學，爸爸也覺得數學很難，有時他甚至還不如我呢。其實我們兩個都不太在行，經常還得去請教瑪格特。不過，速記方面我倒是三個人當中進步最大的，我很努力學習，也很喜歡這門課。我還讀了西斯．范．馬克斯菲爾特的兩本書，她的文筆很好，將來我一定也要讓我的孩子閱讀她的作品。

媽媽、瑪格特和我的關係好了很多，確實比以前更親密了。昨天晚上瑪格特還和我一起睡，雖然有點擠，但這也是一種樂趣。她問我能不能看看我的日記。我說有些部分可以看，她也同意讓我看她的日記。我們還談到未來，我問她將來想當什麼，她故作神祕的什麼也不肯說。

我問瑪格特，我是不是長得不好看？她說我長得很有味道，眼睛很漂亮。

安妮

一九四二年十月二十日星期二

親愛的吉蒂：

雖然被驚嚇已經過去兩個小時了，但我的手還在不停發抖。事情是這樣的，這棟大樓裡共有五個滅火器，沒有人通知我們，今天會有工人來填充這些滅火器，結果，我們在無預警的情況下，聽到樓梯間敲敲打打的聲音，趕緊叫大家不要出聲。所有人都屏住呼吸。爸爸和我站在門邊，以便聽清楚那個人什麼時候離開。他大約工作了十五分鐘。接著就是一陣敲門聲，有人對書櫃門又敲、又推、又拉，嚇得我們臉色蒼白！難道這個美好的避難所要被識破了嗎？就在我以為末日即將來臨的那一刻，才聽到克萊曼先生的聲音：「開門，是我！」

原來，那人在充填完滅火器後就離開了。而書櫃的鉤子在裡面卡住了，克萊曼先生來的時候打不開書櫃門，所以才會敲門。

當時在我的想象中，那個企圖破門而入的人身體越來越膨脹，最後變成了一個巨人，變成

了一個地球上最可怕的法西斯。

幸好沒事！幸好！

瑪格特和彼得坐在我們房間裡看書，我背完法語不規則動詞，也跟著讀《森林永遠歌唱》。在擔驚受怕之後，這樣的片刻時光，顯得特別寧靜和珍貴！

安妮

一九四二年十月二十九日星期四

親愛的吉蒂：

我好擔心。爸爸生病了，他發著高燒，但我們不能請醫生來看病。媽媽讓他出了一身汗，希望這樣做可以退燒。

梅普說，范丹家的家具被德國人搬光了。我們還沒有告訴范丹太太，這些日子她已經夠神經緊張的。我們實在不想再聽她哭訴，多捨不得那些留在家裡的漂亮瓷器和家具了。但哭又有什麼用呢？我們誰不是捨棄了許多美好的東西？

爸爸建議我開始閱讀一些著名德國作家的作品，他從櫃子裡找出歌德和席勒的劇本，打算每天晚上唸一段給我聽。媽媽也把她的祈禱書塞到我手上，為了給她面子，我還是讀了些用德語寫的禱文，它們的確很優美，但就是不合我的胃口。

明天是我們第一次使用壁爐生火。煙囪已經很久沒有清理了，到時候房間肯定會烏煙瘴氣的。讓我們祈禱煙囪還能通風吧！

安妮

一九四二年十一月二日 星期一

親愛的吉蒂：

我要告訴你一個重大消息：我的月經大概快來了！褲子上感覺黏糊糊的，媽媽猜，那個時間就快到了。我都要等不及了！可惜我沒辦法用衛生棉，因為現在已經買不到了。我也不能用媽媽的棉條，據說只有生過孩子的女人才能用那個。

安妮

一九四二年十一月五日星期四

親愛的吉蒂：

英國人終於在非洲打了幾場勝仗，早上，我們開開心心的喝了咖啡和茶。其他就沒什麼可說的了。

這一周我讀了不少書。我肯定進步了很多。

媽媽和我的關係最近有了一些好轉，但我們還是不像我和爸爸那麼親近。瑪格特更是一天到晚惹我生氣，哼！

安妮

一九四二年十一月九日星期一

親愛的吉蒂：

昨天是彼得十六歲的生日。他收到很多禮物：有一套大富翁遊戲、一把刮鬍刀和一個打火機。我送他打火機，並不是因為他很愛抽菸，只是因為那個打火機太好看了，很時髦！

范丹先生帶來了一個好消息，他看到報導上寫著：英國人已經在突尼斯、卡薩布蘭加、阿爾及利亞和奧蘭登陸。

「戰爭就要結束了！」每個人都這樣說。可是英國首相邱吉爾卻宣稱：「這並非戰爭就要結束，是我們就要結束戰爭了。」你看出差別了嗎？但形勢還是很樂觀的，有座俄羅斯的城市已經在攻擊下支撐了三個月，至今都還未落入德國人手中。

還是說回我們的密室，跟你說說我們食物的供應吧！你曉得的，樓上那些人都是貪吃鬼。為我們提供麵包的，是克萊曼先生的一位好心的朋友。食物配給證是在黑市上買的，它的價格不斷上漲。不過是一張印了字的紙片而已！為了保證食物來源，我們儲存了幾百個罐頭，還有兩百七十磅的豆子。

差點忘了告訴你：爸爸的病已經好了！

安妮

附筆：剛剛廣播說阿爾及利亞攻陷了，卡薩布蘭加和奧蘭已經在英國手中。相信不久後，突尼斯也會有好消息，我們都在盼望著。

第四章　第八個藏匿者

一九四二年十一月十日星期二

親愛的吉蒂：

大新聞！我們就要有第八個成員了！

我們本來就覺得密室有足夠的空間，可以再多收留一個人，只是怕給庫格勒先生和克萊曼先生增加負擔。可是，猶太人受迫害的消息越來越多，爸爸覺得能幫一個是一個，於是向他們提出意見。他們很贊同，說：「八個人和七個人都一樣危險。」。躲藏在這裡總比被帶走要好。

大家立刻把熟人想了一遍，商議看看哪個人最能融入這個「大家庭」。最後被挑中的是牙科醫生杜塞。他的妻子已經幸運離開到國外了。據說他文質彬彬，品格高尚，我們兩家人一致認為他是最佳人選。梅普也認識他。之後他會和我共用房間，我睡瑪格特原來的長沙發，瑪格特則搬到爸媽的房間去睡折疊床。

安妮

一九四二年十一月十二日星期四

聽梅普說，杜塞醫生很高興能有個藏身之處。但當梅普希望他禮拜六過來時，他拒絕了，因為他想把病例整理好，替有預約的病人看病，決定禮拜一再過來。

這個時候，他還不趕緊搬過來，我說他真是瘋了。如果他在街上被抓，不管是他的病例，還是他的病人，都沒辦法幫助他，為什麼還要拖延呢？我覺得爸爸答應讓他晚點過來，真是太不明智了。

一九四二年十一月十七日星期二

杜塞先生順利過來了。

看到我們一家在這裡，杜塞吃驚得瞪大雙眼：「可是……不是……你們不是在比利時嗎？那個軍官沒有開車來接你們嗎？是……逃脫失敗了？」顯然，他是相信了外界的傳聞。我們向他解釋，那是我們故意散布的謠言，目的是要掩人耳目，特別是德國人，不想讓他們發現我們。

待他稍稍回過神，把自己的東西整理安頓好之後，我們就把范丹先生擬定的「密室生活公約」遞給杜賽先生。

內容如下——

一、地點：專供猶太人及相同境遇者臨時安身的特殊設施。位於阿姆斯特丹市中心。

二、鄰居：附近無私人住宅。

三、食宿：免費。

四、特殊飲食：無脂肪。

五、廣播電台：可收聽倫敦、紐約以及其他各電臺。收音機晚上六點後提供所有房客使用。須知，除播放古典音樂節目外，嚴禁收聽德國電台。

六、休息時間：晚上十點至早上七點半，星期日至十點十五分。特殊情況下，白天也可安排休息。務必嚴格遵守，為了公共安全，休息時間必須高度警惕！

七、自由活動：在收到進一步通知以前，嚴格禁止一切戶外活動。

八、語言：必須輕聲細語，不得喧嘩。可使用所有文明語言。禁說德語。

九、閱讀：不准閱讀德文書籍，學術和經典著作除外。其他書籍皆可閱讀。

十、體操：每天。

十一、唱歌：晚上六點後，低聲唱歌。

十二、電影：需事先安排。
十三、課程：每週一堂速記課程。英語、法語、數學和歷史隨時開課。課程費用可用授課代替，如：荷蘭語課程。
十四、用餐時間：早餐，早上九點。逢節日、假日約十一點半。午餐，一點半左右。晚餐，不固定，視新聞廣播時間而定。
十五、義務：房客必須隨時參與公共事務。
十六、洗浴：星期天早上九點開始，洗衣盆供所有房客使用。地點可依個人喜好，選擇廁所、廚房或辦公室。
十七、酒類：謹遵醫囑。

一九四二年十一月十九日星期四

杜塞先生人真的很好，就和我們想的一樣。雖然我不是很樂意和陌生人共用一個房間，但是我願意做出這小小的犧牲。就像爸爸說的：「只要能救人一命，其他一切都不重要了。」

杜塞先生來的第一天就問了我一大堆問題：例如，清潔工什麼時候來打掃辦公室？廁所什麼時候可以使用？在哪裡沐浴比較好。你不要覺得好笑，在密室裡這些可都是至關重要的！

我們和外界隔絕的太久了，杜塞先生跟我們說了許多外面的情況。有數不清的朋友和熟人都被帶走，前往一個可怕的地方。軍車夜以繼日在街上打轉，挨家挨戶搜查猶太人。只要查到一個人，就馬上把他們全家抓走。除非躲起來，否則沒人能逃離魔爪。夜裏，常常看到一列無辜的人，被幾個傢伙趕著往前走，受盡折磨，老人、孩童、孕婦、病人，無一倖免的走向死亡。

我們能躲在這裡，是多麼幸運啊！可是對於那些飽受凌虐的同胞，我們卻無能為力，我心裡好難受。我睡在溫暖、安全的床上，而我親愛的朋友們卻在不知名的地方倒下。

每當我想起那些相識的人，如今可能已經落入世間最凶殘的劊子手手中，我就感到不寒而慄。而這一切，只因為他們是猶太人。

一九四二年十一月二十日星期五

關於猶太人的消息太過悲慘，讓我們的心情十分沮喪，不知道該怎麼面對。但是，我們都認為應該保持樂觀，傷心對我們和外面的猶太人都沒有好處。

無論我們做什麼，都非得想到那些被抓走的人嗎？如果某件事就是讓我想笑，難道我就非要立刻忍住，並為自己的開心感到羞愧？難道我就該整天愁眉苦臉？不，我做不到，這種悲痛的情緒一定會過去的。

我最近有一個煩惱：我覺得好孤獨，有一種被拋棄的感覺。我終於意識到：無論爸爸有多好，我的心靈依然十分空虛。

一九四二年十一月二十八日 星期六

我們用電過度，超過配給量，結果是：只能厲行節約，否則會被強迫停電。但是四點以後光線就太昏暗了，不能看書。所以我們用各種方式消磨時間：猜謎、摸黑做體操、講英語或法語、討論書籍等等。昨天我又發現了一項新消遣：用望遠鏡偷看鄰居家亮著燈的房間！以前我根本不知道我們的鄰居這麼有趣。我望見幾個人在用餐，還有一家人在看電影。

大家總說杜塞先生跟孩子相處得特別好，其實這人是個老古板，還喜歡長篇大論的教訓人。而在小小的房間裡，我一切都只得忍著。但最糟的是，他總愛向媽媽打小報告，害我挨了他一頓訓，又要被媽媽再叨念一次！

我也想成為和現在不一樣的人啊！那樣的話，我可能就會像瑪格特一樣得到大人的讚許，而不是責罵了。

一九四二年十二月十日星期四

范丹先生以前是做香腸、肉製品和香料生意的。他的手藝現在派上用場了，實在令人開心。我們訂購了很多肉，準備儲存起來備用。范丹先生先把肉塊攪碎，再加上各種調味料，最後把碎肉灌進腸衣裡，就大功告成！

中午，我們就把香腸煎來當午餐，一掃而空了。至於要儲藏的臘腸得先風乾，我們用細繩把臘腸綁起來，掛在天花板橫樑上。走進屋內，只要一抬眼，就會看見一串串臘腸，每個人都會忍不住捧腹大笑。那畫面真是太滑稽了！

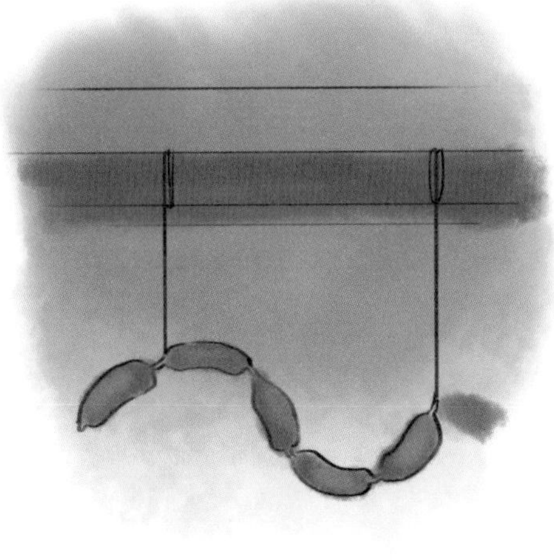

一九四二年十二月十三日 星期日

從大辦公室裡的窗簾縫隙往外看，路上行人的腳步匆忙，好像在追趕什麼一樣。附近的小孩渾身髒兮兮，還掛著長長的鼻涕，是名副其實的貧民。

昨天，我和瑪格特在這裡洗澡的時候，我說：「如果我們用魚竿把經過的小孩一個一個釣上來，幫他們洗個澡，把他們的衣服洗乾淨、縫補好，再把他們放下去，你覺得會怎麼樣？」

「明天他們又會像原來那樣邋遢、衣服破破爛爛的。」瑪格特回答。

當然，還有別的東西可以看：汽車、船、雨景。我尤其喜歡電車的聲音。我的腦子像旋轉木馬一樣轉個不停，從猶太人轉到食物，從食物轉到政府當局。昨天我躲在窗簾後面看見兩個猶太人，心中湧起一種異樣的感覺，彷彿自己背叛了他們，此刻正眼睜睜地看著他們的不幸。

一九四二年十二月二十二日星期二

聖誕節要到了，大家都很忙碌。媽媽說，等我做完家務，才可以看自己的書。

范丹太太肋骨撞傷了，整天躺在床上抱怨東抱怨西。我真希望她可以早日康復，下床收拾東西。因為我不得不承認，她非常勤快、愛乾淨，而且只要她身體和精神狀態不錯，她還是很開朗的。

就像白天我還聽不夠大人「噓、噓」的提醒我小聲說話一樣，連夜裡我在床上翻個身，同房的杜塞先生也要不停發出「噓、噓」的聲音。我不想理他，下次我也要用「噓」聲來回敬他。他越來越討人厭了。

一九四三年一月十三日 星期三

我們有一項新工作，就是幫忙把烤肉香料填入小包裝。庫格勒先生找不到填裝機器，由我們來做，能省下很多費用。但這是監獄裡的人才會做的事吧！

外面一直有可怕的事發生。隨時都有人被抓走，妻離子散。孩子們放學回家，發現父母親已經不見蹤影；女人買東西回來，家已經被查封，家人也失蹤了。人人惶恐不安！每天晚上，百架飛機飛過荷蘭上空往德國投下炸彈。每一個小時，都有成千上百人戰死！沒有人能置身事外。全世界都陷入戰火之中，儘管同盟國占據上風，但無人曉得，戰爭何時結束。

不過，比起外面數百萬人，我們幸運多了。這裡安靜又安全，我們還能用錢買食物。我們真不該談論什麼「戰後」要買新衣服和新鞋子，這太自私了。我們應當省下每一分錢，拿去幫助更窮困的人。

最近天氣十分寒冷，孩子卻穿著單薄，在路上跑來跑去。他們從冰冷的家裡跑到冰冷的街上，再到更冰冷的學校教室上課。是呀！荷蘭甚至已經淪落到這種地步了。很多孩子在街頭挨餓受凍，攔住過往的路人，只為了向他們乞求一片麵包。

說起戰爭的苦難，我可以說上幾個小時，可是那只會讓我更加沮喪。我們只能等待苦難結束的那天。猶太人在等待，全世界在等待。但更多人只是在等死。

一九四三年二月二十七日星期六

親愛的吉蒂：

爸爸天天期盼著同盟國軍隊反攻。邱吉爾得了肺炎，但已慢慢好轉。印度自由鬥士甘地，為了呼籲和平，進行十幾次的絕食抗議。

范丹太太聲稱自己是個宿命論者，她說：既然戰爭無法避免，那就沒必要害怕，把自己交給命運去主宰。但每當槍炮聲響起，最害怕的那個人非她莫屬。

你絕對想不到發生了什麼事！這幢樓房的主人沒有告知庫格勒先生和克萊曼先

生，就把房子賣了！一天早上，新房主帶了一位建築師來看房子，幸好克萊曼先生在場，帶著他們避開了我們的密室，說那道隔門的鑰匙忘記帶來了，新房主也就沒有再問。希望他們不會再來看密室！

爸爸騰出一個文件盒，給瑪格特和我收納圖書記錄卡。這樣我們看過什麼書，還有作者和日期，都可以記在卡片上。

奶油的分配很不公平。范丹夫婦一直負責做早餐，給自己的比給我們的多一半。爸爸、媽媽不喜歡與人爭論，所以什麼也沒說。依我看，對付這種人我們應該以牙還牙，不然他們會更變本加厲的。

安妮

第五章　逃難？

一九四三年三月四日星期四

甘地恢復進食了。

現在公司裡在磨胡椒，嗆得我們不停打噴嚏。我覺得爸爸的公司一點也不好，明明是做食品生意的，卻只有果膠和胡椒加工，沒有任何甜食！要是當初開的是糖果工廠就好了！

一九四三年三月十日星期三

親愛的吉蒂：

昨天晚上停電了，屋裡漆黑一片，屋外大砲轟炸聲響個不停。我好害怕，鑽到爸爸的被子裏尋找安慰。炮聲轟隆，連自己講的話都聽不見了。我發著抖再三央求爸爸點根蠟燭，可是他堅持不肯。媽媽顧不得爸爸生氣，跳下床去點上了蠟燭。面對爸爸的抱怨，媽媽的回答卻很堅定：「安妮又不是老兵，怎麼可能不害怕。」

有幾個晚上，樓上的范丹一家會被一種古怪的聲音吵醒。於是，彼得拿了手電筒走上閣樓，發現一大群老鼠慌張的盯著他。有一次，彼得去閣樓拿舊報紙，用手要托起門板時，差一點摔下樓梯：原來他把手放到了一隻老鼠身上，那隻老鼠朝他的手狠狠咬了下去。彼得又痛、又害怕，嚇得臉色蒼白、不停發抖，睡衣上還沾著血。天哪！無意間摸到一隻大老鼠，還被咬了一大口，真是太恐怖了！

安妮

一九四三年三月十二日星期五

我們吃了太多的扁豆，讓我現在一看到它們就覺得噁心。現在晚上吃不到麵包了。

德國遭到嚴重的空襲。范丹先生心情很差，因為：香菸短缺。

大家討論著是否該動用罐頭蔬菜，結果我們家的意見勝出。

除了那雙雪地靴以外，我沒有其他合腳的鞋子可以穿了，可是在屋裡穿滑雪靴太笨重了。一雙價值六點五弗羅林的燈心草拖鞋僅僅穿了一個星期就報廢了。或許梅普還能從黑市再幫我買雙鞋來。

現在我還要給爸爸理髮。爸爸說，即使戰後他也不需要上理髮店了，因為我剪得很好，如果我不是一直剪到他的耳朵的話！

一九四三年三月十八日星期日

土耳其參戰了！真是激勵人心的消息。

一九四三年三月十九日星期五

原來是空歡喜一場，土耳其並沒有參戰，只是他們的一個部長談到即將放棄中立。一名報販在荷蘭皇宮前的廣場上大聲叫嚷：「土耳其站在英國這一邊！」於是他手上的報紙馬上被搶購一空，這個謠言就這樣傳開。

政府最近頒布了一道新命令：一千盾的紙幣即日起停止流通。如果要兌換一千盾的紙鈔，就得說明紙鈔的來源。這對所有黑市商人是個不利的消息，對所有黑錢的持有人或躲匿的人更是致命打擊。

杜塞竟然沒遵守「密室生活公約」，和其他人頻繁通信！父親規勸他別繼續這麼做，但是我認為他是不會改的。

一九四三年三月二十七日 星期六

速記課結束了。我們還有許多消磨時間的新課程，最近我迷上了神話，特別是希臘和羅馬神話，但他們都覺得我只是三分鐘熱度。因為他們還從來沒有聽說過像我這個年紀的小孩子會對神話感興趣。那太好了，就讓我來做第一個吧！

有個德國政要發表了一則演說：「所有猶太人必須在七月一日前離開德國占領的領土。在四月一日到五月一日之間烏德勒支省必須將猶太人清除乾淨，彷彿猶太人是蟑螂似的。荷蘭北部和南部地區是五月一日到六月一日清除。」這些可憐的人就像生病、沒人要的牲畜被送往骯髒的屠宰場。每當想起這些，我就會做噩夢。

但有個好消息：德國的勞工介紹所被人縱火，幾天後戶政事務所也被一把火燒了，重要的文件全

化為灰燼。看那些德國人還能抓誰！

一九四三年四月一日星期四

今天是愚人節，我卻沒心情開玩笑騙人。俗話說「禍不單行」，真是沒錯：克萊曼先生得了嚴重的胃出血，至少要臥床三個星期；貝普得了流感；沃斯庫基爾先生胃潰瘍要動手術，下星期住院。唉！

一九四三年四月二十七日星期二

沃斯庫基爾先生已經住進醫院等待治療，克萊曼先生則痊癒回到辦公室了。

這幾天，空襲次數越來越多，幾乎沒有一個安靜的夜晚。因為睡眠不足，大家都有黑眼圈了。我們的伙食也越來越糟糕，早餐是乾麵包和咖啡，中午是菠菜或生菜，馬鈴薯都已經有股霉味了。想減肥的人，趕緊住到密室來吧！

一九四三年五月一日星期六

親愛的吉蒂：

今天我打包了一個箱子，把需要的逃難用品裝起來，不過媽媽說：「你想往哪裡逃呢？」她說的沒錯。因為各地爆發罷工潮，政府發布了戒嚴令，每個人都只有少許的黃油配給票。外面的大街上，比這裡還要危險！我能逃到哪兒？

安妮

一九四三年五月二日星期日

和那些無處躲藏的猶太人相比，我們這裡簡直是天堂。當然，這裡的生活其實很糟：桌布和抹布從來不換，已經破爛不堪；范丹夫婦的床單整個冬天都沒洗過，因為肥皂粉不夠用；父親整天穿著一條磨破的褲子；媽媽的胸衣穿壞了；瑪格特的胸罩小了兩號；我的襯衫短得連肚子都蓋不住。我們真的能夠再回到以前生活嗎？

范丹先生估計，我們還要在密室待到一九四三年底。

一九四三年五月十八日星期二

親愛的吉蒂：

雖然天氣很暖和了，但是我們每隔一天還是必須生起爐火，把蔬菜皮和垃圾燒掉。任何東西都不能扔進垃圾桶，因為一不小心就有可能暴露，被人看出來！

所有大學生都要在一張效忠書上簽名，聲明自己「支持德國人，贊同新秩序」。大部分的人不願意做違背良心的事，而所有拒絕簽名的人都要被送進德國勞改營。這樣一來，荷蘭的青年人還剩下多少呢？

昨天晚上槍炮聲比平時還要激烈。我躺到爸媽床上不肯走。一聲巨響，彷彿一顆炸彈落下，我們還以為房間會熊熊燃燒起來。幸好沒有！

安妮

一九四三年六月十三日星期日

親愛的吉蒂：

昨天我在密室裏度過了十四歲生日。爸爸用德文給我寫了一首生日詩，瑪格特將它翻譯成荷蘭文，有趣極了。我收到許多禮物，有希臘和羅馬神話的書，還有糖果。大家動用了自己最後的存貨，給我這個避難家庭中最小的孩子當禮物。我真是受寵若驚！

安妮

一九四三年六月十五日星期二

沃斯庫基爾先生的胃潰瘍是癌症末期，沒辦法動手術了。他不能再工作，只能回家休養。不能去看望他，這讓我們難過極了。好心的他，以前總會把外面的一切告訴我們，是我們的安全顧問。我們真的非常想念他。

下個月，我們的大菲力浦收音機就要上繳，只能換成克萊曼先生私藏在家裡的小收音機了。收音機是我們和外界接觸的唯一管道，更是「勇氣之源」。每當外面傳來壞消息，收音機裡傳出的神奇聲音，總會讓人重燃鬥志吶喊：「昂起頭！鼓起勇氣！美好日子一定會再來！」

一九四三年七月十一日星期日

親愛的吉蒂：

我真的非常願意成為一個讓大家覺得很有幫助、友好、乖巧的人，只要責難的大雨能夠轉為夏天的細雨就行。但在你受不了的人面前裝成乖乖牌真難！他們喋喋不休，說我是這個世界上最狂妄的丫頭。換成是你，你能忍受嗎？

我決定先暫停速記課，因為我的眼睛近視了，按理說我早該戴眼鏡了。（啊！

我就要像一隻貓頭鷹一樣了！）不過，你知道，躲藏者怎麼能在光天化日之下，出門去看眼科醫生呢？再加上爸爸認定戰爭「很快就會結束」，英國人已經在西西里島登陸了，不如等到戰後再當貓頭鷹吧！

貝普把辦公室的許多工作交給瑪格特和我做，這讓我們覺得自己很重要，而且能幫上貝普的忙。整理文書，記錄銷售帳目，這些誰都會，但我們做得特別的仔細。

梅普就像一頭運貨的驢子。她把蔬菜裝在大手提袋裡，踩著腳踏車送來給我們。每個星期六，她還會為我們帶來她從圖書館借出的五本書。我們總是盼望著星期六，盼望書的到來，就像孩子盼望禮物一樣。一般人無法體會書籍對一個被禁閉的人意味著什麼。讀書、學習、聽收音機，是我們僅有的消遣。

安妮

一九四三年七月十六日星期五

夜裡來了小偷！

早上，彼得去倉庫，發現通往倉庫和面向街道的門都開著。爸爸趕過去，把門關上，然後兩人一起上樓查看。遇到這種狀況，我們「不梳洗，不出聲，八點之後不上廁所」。在密室裡的我們開始緊張了起來。

直到十一點半，克萊曼先生來告訴我們，小偷是用鐵棍撬開鎖，砸開倉庫的門，可是那裡沒有什麼東西可偷的，於是小偷又上去一層樓碰運氣。他偷走了我們一百五十公斤的砂糖配給券。當然，我們暗自慶幸的是，放在衣櫃裡的打字機和現金安然無恙。

一九四三年七月十九日星期一

禮拜天阿姆斯特丹北區遭到猛烈轟炸。整條街道淪為廢墟，若要把埋在底下的人挖出來，需要花費很長的時間。目前為止已有兩百人喪命，受傷者不計其數，醫院裡人滿為患。聽說，現在還有孩子在冒著煙的廢墟裡尋找父母，悲慘的情景，令我一想到就淚流滿面。

一九四三年七月二十三日星期五

親愛的吉蒂：

你從來沒經歷過戰爭，不知道躲匿者的生活。我想告訴你，如果我們又可以出去外面，我們八個人首先最想做的第一件事是什麼。

瑪格特和范丹先生首先想洗個熱水澡，在浴缸裡泡上半小時。

范丹太太最想馬上吃到蛋糕。

杜塞只求與妻子相見。

媽媽渴望喝一杯咖啡。

爸爸首先要去看望沃斯庫基爾先生。

彼得想進城去看電影。

我呢，我將會開心得不知道要先做什麼才好！

我最盼望的，是住在自己家裡，可以自由活動，還能去上學！

貝普說要去幫我們買些水果過來，但是價格實在是太昂貴了，葡萄、醋栗、桃子等等，所有東西的價格都在上漲。報紙上每天都有特大字體登載的

標語：**公平交易，嚴格限價！**

但物價仍在不斷飆升。

安妮

一九四三年七月二十六日　星期一

親愛的吉蒂：

昨天真是動盪不安的一天，到現在我們都還心驚膽戰的！不過，我們在這裡的日子，又有哪一天是安穩平順的呢？

早餐時間第一次響起空襲警報時，我們沒太在意，因為那只表示飛機正在飛越海岸。兩點半的時候，警報聲又響了，我和瑪格特放下辦公室的工作，趕緊奔上樓。不到五分鐘，猛烈炮聲響起，整棟房子都在晃動，發出隆隆聲，接著就是炸彈落下。我緊緊抓著我的「逃難箱」以尋求安慰——當然，我們就算逃到街上，也是一樣危險。過了半小時，空襲警報解除，我們紛紛到閣樓去察看阿姆斯特丹港口上方升起的煙柱。不久，就聞到燒焦的味道，全城煙霧瀰漫，好似籠罩在濃霧之中。我們慶幸自己又安然度過了一場災難。

吃晚餐時，空襲警報又響起了！這樣誰還吃得下飯呢？不過，這次沒發生什麼事。四十五分鐘後，警報解除。洗碗時，又開始了：許許多多的飛機滿天呼嘯，炸彈又像雨點一樣落了下來，可怕極了。我一直在擔心飛機會掉下來。

十二點鐘，我又被吵醒了：飛機！我跳下床，跑到爸爸的身邊蜷縮著，到了一點鐘才又回到自己的床上；兩點鐘，我又鑽到爸爸床上，飛機還在不停飛著。等到炮聲停了，我才回到自己床上。大概兩點半左右，我終於睡著了。

七點。我醒來，聽到范丹先生和爸爸在討論事情，我隱約聽見「全部」之類的字眼。我第一時間想到的是：有小偷來把「全部」的東西偷走了！但是我想錯了，這次是一個非常好的消息，是幾個月來，也許在戰爭爆發以來，從來沒有聽到過的好消息：墨索里尼下臺了，義大利國王接管了政府。

我們歡欣鼓舞！經過昨天噩夢般的一天後，我們終於等到了好消息與希望：戰爭會結束，和平會到來！

安妮

第六章　和平希望

一九四三年八月三日星期二

親愛的吉蒂：

今天有個好消息：政治形勢大好。義大利取締了法西斯黨；各地的人們都在和法西斯分子搏鬥。

我們漂亮的大菲力浦收音機上星期由庫格勒先生按規定交出去了。

我們剛剛遭到第三次的轟炸！我咬緊牙關，讓自己更勇敢一點。

我們活動得太少，身體變得僵硬，連轉頭都有困難。

安妮

一九四三年八月四日星期三

親愛的吉蒂：

我們躲在密室已經一年多了。我想你也很熟悉我的生活了，但我也無法將所有

事一一描述給你聽，密室裡的一切跟正常時期一般人的生活大不相同。

每天凌晨一點到四點之間經常有炮聲響起。有時我會夢見法語不規則動詞，醒來才慶幸自己睡得很熟，沒聽到炮火的聲音。然而大多數情況下，我都會驚醒，睡眼惺忪地奔向爸爸的大床。一到爸爸的身邊，不管多大的驚惶都會一掃而光。

安妮

一九四三年八月七日　星期六

我洋洋灑灑寫了一篇故事，自得其樂，哈哈！我真是一個容易快樂的女孩！

一九四三年八月十日星期二

親愛的吉蒂：

媽媽說我是「生活藝術家」，你看：遇到我討厭吃的東西時，我學會了想像它很好吃，儘量不去看它，一下子就吃下去了；早上想賴床時，我就跳下床，心裡想著：「你馬上又會舒服的鑽回去」，然後跑到窗前，從縫隙間用力聞，直到我感覺到一絲新鮮空氣，就清醒了，再趕緊把床收拾好，抵制住賴床的誘惑。

從上個星期開始，我們就弄不清楚白天和晚上確切的時間了，因為韋斯特鐘樓的大鐘顯然已經被拿去為戰爭效力，不再響起了。

梅普為我買了一雙非常漂亮的皮鞋，我穿著走來走去，引來眾人羨慕的眼光。

杜塞差一點又讓我們的生命受到威脅。他居然叫梅普給他帶幾本罵墨索里尼的禁書回來！在路上，梅普被一輛納粹黨衛隊的摩托車撞到，她罵了一聲：「真該死！」就繼續騎走了。要是她被帶走，查到那些書，實在不敢想像會有什麼後果！

安妮

一九四三年九月十日 星期五

親愛的吉蒂：

每次告訴你的，總是不愉快的事居多。不過現在有一個好消息。

九月八日晚上七點，我們坐在收音機前，聽到的第一則新聞就是：「現在報導整個戰爭中最好的消息：義大利無條件投降了！」

英國人已經在那不勒斯登陸。停戰協定在九月三日簽訂。

可是，我們也有擔心的事。克萊曼先生要開刀了，做一個非常痛苦的胃部手術，至少需要住院四周。媽媽常說：「克萊曼先生一進屋，就像太陽升起一般。」這個一向快樂勇敢的人和我們告別的時候，就好像只是要去購物一樣平常。

安妮

一九四三年九月十六日 星期四

是不是長期待在一個封閉的場所，人的性格都會被扭曲？人與人之間的關係就會越難處理？時間越長，密室裡的人彼此的關係就越差。吃飯時沒有人說話，因為無論說什麼，都會有人生氣。沃斯庫基爾先生有時會來看我們。他自己的情況也很差，但他總覺得自己快要死了，所以什麼都不在乎。

我每天都會服用治療憂鬱症的藥，但第二天我的情緒卻變得更糟。一次開懷大笑，比再多藥物更有效。但我們幾乎忘記要怎麼笑了。

大家都在為即將到來的冬天發愁。

另外還有一件非常糟糕的事，倉庫管理員范馬倫開始對密室產生懷疑了。

一九四三年九月二十九日星期三

今天是范丹太太的生日。她收到的禮物並不多，卻是大家盡力準備的。貝普心情很糟，不時就有人要她去買各種東西，但她在辦公室也有她自己的工作。而且她的生活也不太順利。我們只能安慰她，讓她果斷的拒絕幾次，說自己沒有空，購物清單自然就會少了。

杜塞對媽媽埋怨說，這裡沒有一個人對他友好。媽媽沒有上當，她反駁說，是他不對，他的做法令大家都很失望。

爸爸很生氣，因為他發現范丹夫婦私藏肉品。

我真想離開這個讓人發瘋的地方！

一九四三年十月十七日星期日

謝天謝地，克萊曼先生出院了！

范丹家的錢用光了。他們開始讓克萊曼先生幫他們變賣東西來換錢，可是那些東西卻乏人問津。范丹太太有一大堆衣服，但她一件也不肯賣，范丹先生的一套西服很難脫手，彼得的腳踏車賣不出去。范丹太太竟然認為公司應當負擔我們的生活費用。

爸爸成天緊抿著嘴，如果有人跟他說話，他會吃驚的抬起頭來，似乎生怕又有什麼難題要他去解決。媽媽脾氣暴躁；瑪格特抱怨頭痛；杜賽失眠；范丹太太整天嘀嘀咕咕。大家都不好過。

唯一能轉移注意力的辦法就是讀書，所以最近我都與書本為伍。

一九四三年十月二十九日星期五

克萊曼先生的胃並沒有完全痊癒，他對我們說他覺得不舒服，之後就回家了。我們第一次看到他的心情這麼沮喪。

范丹夫婦大吵了一架。范丹太太忍痛割愛，變賣了一件穿了十七年的兔皮大衣，得到了一大筆錢。她想把這筆錢留下，戰後拿來買新衣服。她的丈夫費了很大的工夫才使她明白，他們的錢用光了，眼下的日常開銷急需這筆錢。

我最近很憂鬱，屋內的空氣凝重，幾乎要令人窒息，寂寞彷彿要把我拉下深淵。我從這裡、跑到那裡，下樓、又上樓，覺得自己像一隻失去翅膀的鳥兒，被關在籠子裡，

在黑暗中向籠子的欄杆橫衝直撞。「飛出去吧！飛到充滿新鮮空氣和笑聲的地方！」我的心裡有個聲音這樣吶喊著。最後，我卻只能躺到沙發上睡覺，若想忘記寂寞寂和恐懼，睡覺是度過這種煎熬時刻的最佳方法。

一九四三年十月三十日星期六

爸媽從來不責怪瑪格特，而我卻動不動就挨罵。對於媽媽的訓誡，我毫不在乎。可是，爸爸就不同了。只要他稱讚她，我就會感到難過。因為爸爸是我的一切，他是我的榜樣，我愛他勝過世上任何人。他沒有意識到他對我，跟對瑪格特有什麼不同。瑪格特是最聰明可愛、美麗優秀的女孩，可是我也有權利得到大家的重視。我總是家裡的小丑和搗蛋鬼。我並不嫉妒瑪格特，我只是想感受到爸爸的疼愛，不是因為我是他的孩子，而是因為我是——安妮。

到底有沒有父母能夠完全讓自己的孩子滿意呢？

我是一個有著自己的想法和計畫的人，不是一個被拿來取笑和責罵的孩子。我不得不嚥下我的眼淚，孤身尋找自己的道路。我只不過想得到自己喜歡的人一次的鼓勵而已，為什麼這麼難呢？

一九四三年十一月三日星期三

爸爸為瑪格特訂了一份「基礎拉丁文」課程，她拿到教材後就滿懷熱情的開始學習。我也想學，可是那對我來說太難了。爸爸請克萊曼先生為我買來一本兒童版的《聖經》。

吸塵器壞了，我每天都會上用一把舊刷子刷地毯，再用掃把掃地。結果滿屋飛揚的灰塵弄得媽媽頭都痛了，瑪格特的拉丁文辭典也蒙上一層灰，爸爸嘀咕著說地板有沒有清掃過根本沒什麼不同。真是好心沒好報！

一九四三年十一月八日星期一

親愛的吉蒂：

我的情緒起伏很大。如果我讀了一本書，覺得特別激動，那麼在跟其他人說話之前，就得先把自己的情緒調整回來，他們才不會以為我瘋了。

晚上我躺在床上，有時會感覺自己像是被關在監獄裡，孤身一人，父母也不在身邊；一會兒又覺得我是在什麼地方迷了路，然後又是密室著了火……。感受都好真切，彷彿正在發生一樣，讓我覺得這些事很快就會真的降臨！

梅普常常說，她很羨慕我們這裡的平靜。不過她沒想到，我們其實一直生活在恐懼中。我甚至不敢想像，對我們來說，世界還會恢復正常。「戰後」，就好像是空中樓閣，永遠無法成真。

我們八個人身處的密室，就像被大片烏雲包圍的藍天，暫時是安全的，可是四周烏雲卻越靠越近，藍天的範圍不斷收縮，我們就這樣被危險和黑暗緊緊包圍，掙扎著尋找逃生的出口。我們向下看，人們正在互相殘殺；向上看，一片寧靜美好。可是那巨大的烏雲就像一堵銅牆鐵壁，我們上不去也下不來，只能被夾在中間，哀號著：「啊！藍天啊！再張大一些，放我們一條生路吧！」

安妮

一九四三年十一月十一日星期四

九歲起就開始陪伴著我的鋼筆，被我不小心和豆子一起扔進火爐燒掉了。心愛的筆被火化了，我祈禱將來自己的生命結束時，也能如此。

一九四三年十一月十七日星期三

貝普家有人生病了，這六個星期她都不能來看我們，所以我們的飲食和採購變得很不方便。克萊曼先生仍臥病在床。庫格勒先生都要忙壞了。

昨天是杜塞搬來密室一周年的日子，他為此送了媽媽一盆花，但對我們無私的收留，卻沒有表達任何感激之情。

一九四三年十一月二十七日星期六

昨晚入睡前，我看見以前最好的朋友漢妮，突然出現在我眼前。她衣衫襤褸、面容憔悴，可憐兮兮的看著我。啊！為什麼我被選中活下去，而她也許要死呢？漢妮呀，漢妮，我多想把你帶走，多想讓你分享我擁有的一切。

戰爭結束後，如果你還活著，我一定要一直和你在一起！我沒有辦法忘記你，你也在想念我嗎？願仁慈的上帝幫助你，給你信念和力量。

一九四三年十二月二十二日 星期三

我得了重感冒。在這裡生病太慘了，每次想要咳嗽，我就得趕快鑽進被子，摀住嘴巴，結果卻咳得更厲害。現在我感覺好多了。我長高了一公分、重了兩磅。

聖誕節要來了，戰爭陷於僵持狀態，大家的情緒都很低落。

一九四三年十二月二十四日 星期五

親愛的吉蒂：

這個聖誕假期，我們像被世界遺棄的人，只能躲藏在這裡。每當有人從外面進來，衣服上還帶著寒意，我就會羨慕的想：「我們何時才能再聞到新鮮的空氣呢？」

假如是你這樣躲藏了一年半，你也會受不了的。我知道就算只是躲在這裡，我都需要感恩了，可是，我多麼渴望能夠騎車、跳舞、吹口哨，看看大千世界，知道自己是自由的。有時我真想找一個依靠，痛痛快快的哭一場，心裡就不會這麼壓抑了。我多想要一個瞭解我的媽媽，而不是眼前這一個媽媽。將來，等我有了孩子，我要做一個自己心目中的好母親。

安妮

第七章　愛苗

一九四四年一月二日星期日

這本日記對我來說，已經有了重要的意義，因為這可以算是一本回憶錄。當然，其中有很多頁，我應該要寫上「已屬過去」。我一直在試圖理解一年前的那個安妮，試圖原諒她，因為當時我的腦子一定是不清醒的。我生媽媽的氣，但我自己也經常做錯事。不過，在紙上抱怨幾句，總好過讓媽媽聽在耳裡、放在心上吧！

一九四四年一月六日星期四

親愛的吉蒂：

最近我在家人面前總感到有些不自在，我讀過的一篇文章上說，處於青春期的女孩會變得害羞起來，但平時比我靦腆的瑪格特卻不會這樣。我覺得正在我身上發生的變化非常奇怪，我不敢跟別人說，只好跟你說，因為我知道，無論我傾訴什麼，你永遠都會保持沉默。每次來月經（才來過三次），雖然有點疼痛、不舒服和噁心，

但我覺得自己身上隱藏著一個甜蜜的祕密。有些晚上，當我躺在床上，我會強烈的想要撫摸自己的胸脯，感受心臟的跳動。

我多麼希望有個女性朋友，可以和我談談這方面的事。

安妮

一九四四年一月六日 星期四

親愛的吉蒂：

我好渴望與人交談，所以有時我會走進彼得的房間找他聊天。我想得到彼得的喜愛，想知道他在想什麼。你一定以為我愛上了彼得，不是的。要是范丹夫婦有的是女兒、而不是兒子，我一定也會想和她交朋友的。

安妮

一九四四年一月七日星期五

親愛的吉蒂：

除了幼稚園時一段兩小無猜的過去，我從沒和人相愛過。直到彼得・席夫出現在我的生活中，我澈底迷戀上他，他也很喜歡我。在他上高中前，那一整個夏天我們倆簡直形影不離。席夫是我理想中的男孩：高大、俊美、身材修長。他的笑容令我瘋狂，那讓他看上去頑皮又淘氣。但隨著年紀增長，他身邊有了其他女生朋友，不再關注我。後來也有其他人喜歡上我，但我沒再愛過任何人。

我以為我已經把他忘了，可是對他的愛卻一直留在我的潛意識裡。我照著鏡子，看到自己與往常大不相同。我的眼睛明亮深邃、臉龐紅潤，我的嘴唇也柔和許多。我看上去很快樂，神情中卻藏著一絲悲哀。

安妮

一九四四年一月十二日星期三

瑪格特已經出落得亭亭玉立，也坦率了許多，她成了我真正的朋友。她也不再把我當成無足輕重的黃毛丫頭了。

一九四四年一月十五日星期六

親愛的吉蒂：

每次都跟你講我們這些人的爭吵實在沒什麼意思。只想告訴你好多東西我們已經分開用了，例如黃油和肉，馬鈴薯我們也是自己來煎。但儘管如此，我們還是吃不飽。每天總有一頓飯是將就一下，平時實在餓了，就用黑麥麵包來墊墊肚子。

媽媽的生日就快要到了，克萊勒送了一些白糖給她，糖不算多，但在這個時期已經非常奢侈了。范丹夫婦很嫉妒，因為范丹太太過生日的時候可沒有享受這樣的待遇。不過你知道那些粗言惡語和眼淚讓我們更加難受了，我又何必轉述給你呢？

我很納悶，是不是和別人住在一起，時間一長，就難免會為了雞毛蒜皮的事而你爭我吵？多數人都這麼小氣自私嗎？我認為多一點點對人性的瞭解總是有好處的，不過現在我覺得自己已經瞭解得夠多的了。這些無止盡的爭吵，都是因為我們渴望自由和新鮮空氣，但戰爭仍舊持續著……要是在這裡待得太久了，我大概會變成一個乾癟的老太婆，但其實我真正想做的是一個平凡的少女啊！

安妮

一九四四年一月二十二日星期六

為什麼我們無法對人推心置腹，連最親近的人都不能完全信任？這實在太糟糕了。現在，我覺得自己好像長大，成為一個更獨立的人。甚至對范丹夫婦的看法，也有所改觀。過去我十分確信，發生爭吵的責任全在范丹夫婦身上，但現在我開始明白，我們自己肯定也有一部分責任。大家生活在一起就得以誠相待、與人為善，不能太斤斤計較。我希望我懂得這個道理，並且把它付諸實行！

一九四四年一月二十四日星期一

過去在學校和家裡談到有關性的話題，不是讓人覺得很神祕，就是說得很噁心，但現在我懂了不少。最初剛躲到這裡的時候，爸爸就常常談一些我寧願讓媽媽來說的事情，其他的則是我從書本上和別人的談話中知道的。

彼得在這一方面不像學校裡的男生一樣讓人討厭。他說起這些話題時，是認真嚴肅、毫無雜念的。彼得懂得比較多，我問他為什麼會知道這些，他說：「我可以問我的父母啊！他們懂得比我多，也比我有經驗。」他真的是問父母才知道的嗎？

一九四四年一月二十八日星期五

我非常用功學習，已經能聽懂英國電臺的《家庭服務》節目了。不過星期天，我喜歡用來整理我收藏的電影明星照片。庫格勒先生每個星期給我帶來一本《電影與戲劇》雜誌。貝普常常在休息日和男朋友去看電影，每回她告訴我隔周打算看哪部電影的時候，我都可以娓娓向她介紹影片劇情。媽媽說我以後不必去電影院看電影了，因為反正影片劇情我都一清二楚了。

我每換一次髮型，大家就會問我是向哪位電影明星學的。我說是我自己想出來的，他們都不信。我只得趕緊跑進浴室，恢復平時的捲髮。

一九四四年一月二十八日星期五

親愛的吉蒂：

我覺得自己有時候很像一頭母牛，總是要把那些早就過時的新聞嚼了又嚼。現在，在我們八個人之中，只要有人開口，其餘的七個人就可以能把他要說的話講完。大家已經把以前在外面世界的故事講了好多遍，根本沒什麼新鮮的話題了。

但是聽克萊曼先生和詹談論藏匿者和地下組織的話題，總會引起我們的共鳴。

有許多反抗組織，比如，「自由荷蘭」，會替人偽造身分證、資助或提供藏身處，甚至幫地下青年找工作。這些人奉獻這麼多、這麼無私，他們全是冒著生命危險在拯救別人，實在是令人敬佩！

幫助我們的這些人就是最好的例子，他們帶著我們歷經一波三折，希望能把我們引渡到安全的彼岸。儘管增添自己的負擔，卻從沒有人埋怨。他們每天都到密室來，和男士談論生意和政治，跟女人談論食物和戰時的不便，和小孩們談論報紙和書籍。每逢有人過生日或各種節日，就會笑著帶來鮮花和禮物。我們永遠不會忘記，或許其他人是在戰爭中或反對德國人的鬥爭中展現英雄氣概，但這些幫助我們的人卻以無私精神和友愛來證明他們的英雄氣概。

安妮

一九四四年二月三日 星期四

國內期盼登陸反攻的情緒持續高漲。報紙上寫著：「英軍如果在荷蘭登陸，德國當局將以一切手段捍衛這個國家，必要時不惜淹沒荷蘭。」按照旁邊附上的地圖判斷，阿姆斯特丹的大部分地區都將因此被淹沒。

密室裡整天聽到的也都是登陸，還有關於挨餓、死亡、炸彈、毒氣等等的爭論。我倒十分平靜，不太在意這些被討論得沸沸揚揚的事。我已經把生死置之度外。沒有我，世界也會繼續轉動。反正我也無能為力，只能祈禱一切會有個好結局。

一九四四年二月十二日　星期六

陽光明媚、天空蔚藍、清風徐徐吹來，我心中充滿渴望……渴望自由、渴望朋友、渴望獨處。我渴望……痛哭一場！

我感覺到春天正在甦醒，我的身體和心靈都感覺得到。我很迷茫，不知道該做什麼，只知道我在渴望著……

一九四四年二月十四日星期一

親愛的吉蒂：

我所渴望的，有非常小的一部分已經實現了。

星期天早上，我發覺彼得一直盯著我看。那眼神和平常完全不同，我說不清楚，卻感受得到。以前我總認為，彼得愛上了瑪格特，現在我突然感覺不是這麼回事。這幾天，我都在克制自己不去看彼得，因為每次我一看他，都會發現他正在看我。這是一種美妙的感覺，令人怦然心動。

安妮

一九四四年二月十六日星期三

今天是瑪格特的生日。彼得十二點半跑來看瑪格特的禮物，並且破天荒地待了很長一段時間。為了讓瑪格特開心，我主動把她那份家事攬下來做了。

我去拿咖啡、又去拿了馬鈴薯，每次去拿東西都得經過彼得的房間。從閣樓下來的時候，他對我說了句：「我向妳致敬！」同時用

溫柔的眼光看著我，讓我心頭暖暖的、充滿柔情蜜意。我看得出來，他想討我歡心，但是不善言辭，只好透過眼神傳達。我非常了解，也非常領這份情。甚至現在，回想起他的眼光，我仍然感到快樂！

後來我問他在做什麼，他說在練習法語；然後我們就聊開了。他對我說，將來他想到荷屬東印度公司工作，住在橡膠園。他談到他在家裡的生活，談到黑市，還說他覺得自己很沒用。我對他說，他是太自卑了。

除此之外，我們也聊父親，聊如何了解人的性格，以及其他的事，但現在記不清是什麼了。我們聊得很愉快，一直到五點多我才離開。

晚上我們又聊了一會兒。他跟我說：「我不知道什麼叫害怕，除了偶爾想到自己的缺點時，但我現在正學著對付這種恐懼。」

彼得很自卑，他總認為自己很笨，而我和瑪格特都很聰明。總有一天我要對他說：「其實你很棒，而且你的英語和地理比我們強多了！」

一九四四年二月十八日星期五

親愛的吉蒂：

現在我三不五時就想跑到樓上去看「他」。在這裡的生活突然變得美好許多，因為生活有了新的意義，有了可以嚮往的東西。

起碼我寄託感情的對象總是在家，而且除了瑪格特之外，就沒有其他的競爭者了。千萬不要以為我已經墮入情網，不是的。當然，我的確覺得我和彼得之間會發展出很美好的友情和信任。現在我只要一有機會就會去他房裡，他已經不像從前那樣，在我的面前不知該說些什麼了。

媽媽不太喜歡我老是去找他，總說我會惹人嫌，我不該打擾人家什麼的。難道她看不出我自有分寸嗎？而且每次我從樓上回來，她總會問我和彼得去了哪裡、做了什麼。真是受不了媽媽！

安妮

一九四四年二月十九日星期六

親愛的吉蒂：

早上我在樓上待了一會兒，可是只跟他匆匆說了幾句話。

兩點半，大家不是在看書，就是在午睡。我想寫點東西，可是沒多久，我就受不了心裡的苦楚，埋頭哭泣起來，眼淚撲簌簌停不下來，覺得傷心極了。要是這時他能來安慰我，那該有多好啊！

五點鐘，我去拿馬鈴薯，希望能遇上他，但是他正好下樓去倉庫了。突然我感到眼淚又要回來了，急忙躲在廁所裡偷偷啜泣。

噢，這樣下去，我和彼得永遠不會更親近。也許他根本不喜歡我，也不需要跟誰交心。我又得繼續獨自一人，沒有知己，沒有彼得。也許很快我就會失去希望，失去安慰和憧憬。啊！我多想把頭倚靠在他的肩膀上，不再感到孤獨和寂寞。誰知道，也許我根本不是他的心上人。也許他的柔情只是我幻想出來的。啊！彼得，但願你能瞭解我的心。如果真實情況令我失望，我會受不了！

不過，勇敢的安妮，不會放棄希望和憧憬的，雖然眼淚還在心裡流淌！

安妮

一九四四年二月二十三日 星期三

親愛的吉蒂：

外面天氣真好，我的心情也特別愉快。每天早晨，我都會跑到閣樓上，呼出胸中鬱積的穢氣。今天早上，我坐在我最喜歡的那個地方，彼得站在那兒，頭靠著一根很粗的樑柱。我們仰望藍天，看著飛翔的鳥兒，誰也沒有說話，不想打破如此美好的情境。我從敞開的窗戶望出去，目光越過阿姆斯特丹的每一個屋頂，直到遠遠的地平線上，天地間的一切都融化在一片無法分割的淡藍色中。

「只要這一切還在，」我想：「只要我還活著，還能看到這片陽光、藍天，我就不可能不幸福。」

再多的財富都會消失，但內心深

處的幸福只會暫時被蒙蔽，只要活著，它終有一天會回到你心裡。彼得啊，當我們感到孤獨悲傷的時候，就眺望天空吧！只要能無所畏懼的仰視蒼穹，就能知道自己內心的純淨，就一定能重新得到幸福。

安妮

一九四四年二月二十七日 星期日

除了彼得，我什麼也無法思考，我時刻只想感受到他在我身邊。我們要到什麼時候才能心意相通呢？

一九四四年二月二十八日 星期一

我幾乎每個鐘頭都會看見他，卻不能待在他的身邊。我不得不裝出快樂的樣子，可是內心深處卻滿是心痛。善良可愛的彼得，我是多麼想要見他呀！彼得沒有到閣樓來找我，他上頂樓去做木工了。他做木工的聲音每響一下、每敲一下，我的勇氣就減少一分，心情也就更愁悶。我太多愁善感了，我知道。喔，救救我吧！

一九四四年三月一日星期三

親愛的吉蒂：

在生死攸關的大事面前，我個人的私事瞬間變得無足輕重了。

今天一大早，彼得就跑來告訴我們：樓下前門大開著，公司櫥櫃裡的幻燈機和庫格勒先生的公事包都不翼而飛了，而門並沒有被撬開，那麼，來的這個竊賊一定有一把複製鑰匙，他可能看見我們了。他會不會去揭發我們？

這真可怕！我不敢再想下去了。

安妮

一九四四年三月二日星期四

晚上我看著點燃的蠟燭，內心感到快樂和寧靜。

可是有一個人仍主宰著我的心，那就是彼得。今天我去拿馬鈴薯，經過他的房間時，他問：「午飯後你都在做什麼呢？」我們就這樣聊了起來，直到媽媽呼喚我，我才端著馬鈴薯下樓。我們聊了書籍、聊了過往。他的目光真溫暖！我想我快愛上他了吧！

不管怎麼樣，我們現在都渴望相互瞭解，也許那幸福的一天不久就會降臨。又或者，一切只是我的錯覺？

一九四四年三月四日星期六

親愛的吉蒂：

今天是好幾個月以來，最有趣、最快樂的星期六，而這全是因為彼得。

早上爸爸讓我和彼得一起學習法語、英語，聽爸爸朗誦狄更斯。我坐在爸爸的椅子上，緊緊靠著彼得，感到幸福極了。

之後，每當我們要道別而身旁沒有別人時，他都會悄悄對我說：「再見，安妮，待會兒見！」啊！我是多麼快樂呀！現在他是不是開始喜歡我了？

噢！差點忘了，昨天夜裡下了一場大雪。不過今天雪都融化了。

安妮

一九四四年三月六日 星期一

親愛的吉蒂：

彼得和我一樣喜歡思考。昨晚在餐桌上，范丹太太嘲諷的說：「真是個大思想家啊！」彼得的臉都紅了，我真是要氣炸了！難道她看不出來，彼得他緊緊抱著他的孤獨，抱著他假裝出來的冷漠和大人模樣，這不過是在演戲而已，從來就不是他真實感情的表達。可憐的彼得，這樣的角色他還能扮演多久呢？這樣超人般克制的結果難道不會帶來猛烈的爆發嗎？彼得，但願我能幫助你！願你能讓我幫助你！當我們在一起，就能驅散你的孤獨和我的寂寞！

只要看到彼得，我內心就很雀躍。他成了照耀我的陽光，讓我感到幸福。

幸好范丹夫婦有的不是女兒。如果不是碰巧遇見一個異性，我怎麼能體會到，馴服愛情的過程是如此困難、美好又瘋狂！

安妮

第八章　成長

一九四四年三月七日　星期二

回想一九四二年的生活，就像一場夢。有追求者和朋友、受盡父母寵愛，還有好多點心和零用錢，那個過著天堂般生活的安妮，怎麼成了眼前的這個安妮呢？當然，那時我並不是無憂無慮的，我也會感到孤獨，但是一開心起來，就什麼煩惱都忘了。回顧那段日子，我知道那已經永遠的結束了，我也不會再去懷念。

然後我們來到了這裡，事情發生的那麼突然，一切變得那麼不正常。

剛來的時候，我總是感到寂寞，很愛哭。慢慢的，我開始看到自己那麼多的缺點和不足，承受著別人屢次三番的責備。後來情況才漸漸好轉，我進入青春期，成長為一個真正的少女，被當成大人看待。我開始反思、寫日記，不再試圖從別人身上尋求安慰和溫暖。新年之後，我有了另一個重大的改變。我發現了對一個男孩子的渴望。不是渴望女性朋友，而是男性朋友。

晚上就寢前，禱告完「感謝上帝和一切的善、愛、美」，我的心充滿喜悅。這

時，我會想到躲藏的好、想到我的健康、想到我對彼得初萌芽的「愛」，想到這個世界與大自然的美妙。我不再去想那些苦難，我對自己說：「想想你心中和周圍仍存在的一切美好事物，快樂起來吧！」

無論經歷什麼不幸，擁有勇氣和信念的人，是永遠不會在苦難中死去的！

一九四四年三月八日星期三

前天夜裡，我夢見我在彼得房裡，我們面對面站著。我說了一句什麼話，彼得給了我一個吻。可是他說他並不喜歡我，叫我別這麼做作。我用受傷又懇求的口吻對他說：「我沒有做作啊，彼得！」

醒來時，我真高興那只是一場夢。

一九四四年三月十日星期五

真是禍不單行！梅普和克萊曼先生都生病了。供應我們馬鈴薯、奶油和果醬的先生被捕了，他有五個不到十三歲的孩子，還有一個孩子即將出生。昨晚我們在吃飯時，隔壁忽然有人敲牆壁，嚇得我們一整夜都神經緊張又心情沮喪。

一九四四年三月十二日星期日

親愛的吉蒂：

彼得從昨天開始就完全不看我一眼，是怎麼了？我努力讓自己別去在意，可是卻做不到。他常常和我保持距離，有時又會心急的跑到我身邊。或許他只是心情不好，是我把一切都想得太糟，等到明天，一切又會變好吧？

我很不快樂！我好想找一個地方、一個人，可以大聲哭喊，可以沉默不語。我想他想得都要瘋了，我告訴自己要平靜下來，不去多想，可是還是做不到。

我不斷問自己：是不是你太打擾他了？是不是他根本就不喜歡你？一切只是你一廂情願？可是，他為什麼對你說了那麼多？也許，他後悔了？

我頭痛得無法再思考了，只能靠睡覺來麻痺自己。

像我這個年紀的女孩，這樣自怨自艾有點誇張，所以我只向你傾吐，其他時間我會表現得又愉快又自信。

瑪格特願意做我的知心人，可是我還是不想跟她傾訴。

什麼時候我才能擺脫這種混亂的思緒呢？什麼時候我的內心才能重獲寧靜？

安妮

一九四四年三月十四日星期二

供應食品券的人被捕了，我們除了剩下的五本黑市食品券。現在剩下的食品不多，又沒有人可以出去買東西。我們要斷糧了，大家都很沮喪。

一九四四年三月十六日星期四

下午，詹來看望我們，我們八個人圍坐在他身旁，聽他說著外面的事，那樣子簡直就像一幅「祖母講古」的畫面。

聽詹說，現在的醫生幾乎都是靠電話來看病，因為病人太多了。接電話的是助手，要是特別嚴重，醫生才會親自來接電話，說：「請伸出舌頭！說一聲『啊！』，我聽到了，你的喉嚨發炎。我給你開個藥方，你可以到藥房去取藥。再見！」我們聽了都忍不住笑了出來。

一九四四年三月十六日星期四

為什麼我比彼得還要煩躁不安，我明白了。他有自己的房間，可以用心的學

習、思考、做夢和睡覺。而我呢，卻得和杜塞先生共用一個房間，沒有一個安靜的地方，所以我喜歡往閣樓跑。在那裡，我才可以做真正的自己。

我把對彼得的感覺藏在心裡，不對任何人說，不願意被任何人發現。這是理智與情感的戰爭。至今我仍極力保持理智，可是最終，情感會不會強出頭呢？不對彼得表白實在太過困難，但是我知道開口的那個人必須是他。是呀！安妮瘋了。沒辦法，我就是生活在一個瘋狂的時代，生活在這麼瘋狂的環境中啊！

但是，至少，我能把我的感受寫下來，不然我會悶死的。

彼得對我是什麼感覺呢？他是個喜歡安靜的人，會喜歡吵鬧的我嗎？他會是世界上第一個、而且是唯一一個看穿我堅硬面具底下本性的人嗎？他是這麼的不擅言辭，會先向我開口嗎？

一九四四年三月十七日星期五

密室裡的一切都還算順遂，除了瑪格特和我對父母有些厭煩了而已。到我們這種年齡，就會開始想為自己做一些決定，不願意再受到父母的管束。每次我到樓上，他們就會問我去做什麼；吃飯時不許我加鹽；每天晚上八點，媽媽就會催促我上床睡覺；我看的每一本書都要審查。昨天晚上瑪格特還跟我說：「我覺得好煩。只要你無意間歎了兩口氣，他們就會來問你是不是頭痛，還是哪裡不舒服了。」

我們不想再被當作小孩子看待，我們是完全獨立的人。我們明白自己要什麼，能分清孰是孰非。我們有自己的思想、看法和原則。我知道無論討論事情、還是爭論，我都比媽媽強，也比她更客觀，我認為自己在很多方面都比她高明呢！

一九四四年三月十九日星期日

親愛的吉蒂：

昨天晚上，是我來到密室之後最美好的一個夜晚。我和彼得談了好多好多。

我們談到和父母的疏遠；我們談著，我是怎麼躺在床上傷心痛哭，他又是怎麼跑到頂樓上去罵人罵個痛快。我們什麼都談，談信任、談感情和我們自己。喔，吉蒂，他就和我想的一樣！

後來我們談到一九四二年。那時候的我們有多麼不同。他覺得我好動又煩人，而我很快就認定這個男孩子笨拙而無趣。我說，我的喧鬧和他的文靜是一體兩面，我也喜歡安靜，可是我除了和我的日記本在一起之外，沒有一個地方是真正屬於我的。我們很高興遇見彼此。

我對他說，我可以理解他的克制，以及多麼希望在他受到父母指責時幫助他。

「但你一直以來幫了我很多忙！」他說。

「是嗎？我怎麼幫的呢？」我驚訝的問。

「當你一直這麼快樂，就幫了我很大的忙。」

這是他對我說過的最動聽的一句話。這太棒了！他一定已經開始願意把我當成知心好友了，目前這樣就已經足夠了。我無法形容我是多麼的感動和快樂。我覺得，我和彼得共同守護著一個祕密。當他用那雙滿含笑意和柔情的眼睛看著我，就像一道陽光就在我心頭暖暖滑過。我希望這樣的時光能夠繼續，希望我們還能在一起度過許許多多美好的時刻。

滿懷感動和快樂的安妮

一九四四年三月二十日星期一

親愛的吉蒂：

彼得問我晚上能不能去他的房間。我說不能每天晚上都去，爸爸媽媽都認為這並不合適，但他認為我們不用太在意他們的看法。我說我會在星期六晚上過去。

但與此同時，我的幸福，還蒙著一層陰影。我擔心瑪格特會因為彼得跟我朝夕相處而痛苦，我覺得她也喜歡彼得。

「不好意思，把你一個人丟在一邊。」我對她說。

「沒關係。」她回答：「我只是為自己感到遺憾，我還沒有找到一個可以傾心交談的人。我希望你和彼得可以彼此信任，好好享受已經在眼前的友情。」

真誠善良的瑪格特啊！她不知道我有多欽佩她，希望有一天我也能像她和爸爸一樣，擁有那樣友好善良的性格。

啊！我一想起星期六晚上，就覺得心滿意足。無論是笑還是沉默，彼得都一樣好看。當他發現，安妮根本不是一個膚淺的女生，而是一個富於幻想、和他一樣許多煩惱和困惑的人，他一定很吃驚！

我相信，密室裡一定會出現真正偉大的愛情。不

過別擔心，我還沒有想過要嫁給他，我不知道他長大以後會變成什麼樣，也不知道我們是否會相愛到談論婚嫁的地步。

安妮

一九四四年三月二十三日星期四

最近我常在晚上上樓去，呼吸一點新鮮空氣。坐在彼得身旁的椅子上往外看，感覺舒服極了。每當我跑去那裡，范丹先生和杜塞先生就會說：「安妮的第二個家。」又或者是：「男士在黑夜裡接待年輕女士合適嗎？」飯桌上大人們也常常提到，要是戰爭再持續五年，密室裡就會有婚禮舉行了。這些都是蠢話！彼得說，大人們是嫉妒我們年輕，不必把這些刻薄的話放在心上。

一九四四年三月二十五日星期六

我發現自己澈底的改變了。我的看法、我的眼光、我的外表和內心，全都變了，變得更好了。對密室裡的其他人，我突然可以理解了，大家各有各的苦衷和想法，既然不得不住在一起，就要和睦相處、互相尊重，多想想別人的立場，這樣在面對意見分歧時，大家也能好好解決。

我不知道彼得有多愛我、我們以後會不會接吻。我對爸爸說我常去找彼得，他說沒關係，這是好事，既可以分享成長的祕密，又可以互相支持、渡過難關。

我把自己異想天開的事偷偷告訴彼得，譬如說我以後想寫作，就算當不成作家，也會在工作之餘堅持寫作。

「這日一無所獲，如夜晚漆黑一片。」

這是我幾個星期前想出來的詩，趁我還記得時，把它寫下來。

一九四四年三月二十七日星期一

親愛的吉蒂：

政治本來應該是我們躲藏歷程中重要的一章，但我卻不怎麼關心政治，因此它被我過於冷落了。不過今天，我會多講一些關於這個主題的事。

一談到政治，密室裡的人就開始熱心的發表自己的高見。在有關登陸、空襲、演說等等的無數次辯論中，可以聽到一大堆的「不可能！」、「我的天哪！」、「要是他們現在才開始，那要到什麼時候才能結束啊？」、「形勢大好，好極了！」諸如此類的話，這些樂觀派、悲觀派，還有現實派，都認為只有自己的想法正確。最好笑的是，他們談論政治的時候，從來不會覺得厭煩。只要開始談政治，只要提一個問題，說一個字、一句話，在你反應過來之前，大家都會熱情的參與其中！

密室從早上八點就開始收聽電臺，之後每小時一次，一直到晚上十點。除了吃飯或睡覺，他們都坐在收音機前，談論吃飯、睡覺和政治。真叫人厭煩！我都快變成一個乏味的小老太婆了！

安妮

一九四四年三月二十八日星期二

媽媽覺得彼得愛上我了。希望如此！

我不想放棄彼得。我們只要坐在一起，不用說話，就已經心滿意足。當彼得將頭放在手臂上、閉上眼睛躺著的時候，就像是個孩子；當他扛著馬鈴薯或其他重物的時候，看起來很強壯；他觀看炮擊或在黑暗中尋找小偷的時候，顯得很勇敢。我真欽佩他！外人不能理解，為什麼我們那麼想待在一起，要讓他們理解很困難。不過，要是能戰勝這些困難，結局將會更加美好和珍貴。

彼得常說：「笑一個吧！」

我一直覺得很奇怪，所以昨天我問了他：「為什麼總是叫我笑一個？」

「因為你笑起來的時候臉上會有酒窩，很好看啊！」

「酒窩是我身上唯一漂亮的部分。我知道我不漂亮。」

「才不是呢！我覺得你很漂亮，相信我！」

當然，我後來也稱讚了他。

一九四四年三月二十九日星期三

昨天一位部長在電臺談到，戰後他們會把戰爭時期的各種日記和書信收集起來。想想看，要是我發表一部叫做「密室」的小說，那多有意思！單看書名，人們還以為這是一部偵探小說呢！

說真的，戰爭結束十年之後，聽一個猶太女孩講述在密室裡如何生活，談些什麼、吃些什麼，一定會很有趣。比如上個星期天，三百五十架的英國飛機，對阿姆斯特丹的外港扔下五百五十噸的炸彈，房子搖晃得像風中的小草；另外，人們一定也不知道，這裡有多少傳染病等等。

要是我把一切一五一十的記下，我就得整天不停的寫。買蔬菜要大排長龍、醫生無法出診。偷盜事件層出不窮，沒有人敢離開家門超過五分鐘，因為只要一出門，家裡的東西就會全部失竊；街上的電子鐘被拆走，電話亭裡的電話機跟電線一起被偷走。每個人都在挨餓、情緒低落。一直等不到登陸反攻，男人被送到德國，孩子營養不良，每個人都穿著破舊的衣物。

但也因此有一件好事發生：由於食物越來越糟，法令越來越嚴苛，反抗政府的破壞活動也因此增多。有許多食品分配部門的工作人員、警察和官員，在暗地裡幫助自己的同胞。真好，只有少部分的荷蘭人站在錯誤的一方！

一九四四年三月三十一日星期五

天氣依然寒冷，但大多數人已經一個月沒有燒煤炭了。聽起來糟糕透了！大家的心情還是很樂觀的，因為蘇聯前線捷報頻傳！

匈牙利被德國軍隊占領了，那裡住著一百萬名猶太人，現在也遭殃了。

圍繞彼得和我的閒話已經平息了一點。我們現在是非常好的朋友，天馬行空，無所不談。我在這裡的生活大大改變了。上帝並未拋棄我，永遠也不會。

第九章　願望

一九四四年四月一日星期六

親愛的吉蒂：

我多麼渴望能得到他的一個吻啊！難道他一直把我當成朋友？難道我對他沒有其他意義？我沒有向人傾訴煩惱的習慣，但現在，我好想倚靠他的肩膀，哪怕只有一次也好。難道他只是因為害羞，所以無法說出他愛我？或者，其實只是我在追求他？所以上樓的永遠是我，他從沒有下樓來找過我。不過，這應該是因為我和別人共用房間，不方便的關係，對嗎？

安妮

一九四四年四月三日星期一

吃的問題，不僅在密室，就算是在荷蘭、在整個歐洲都是一個大難題。

買不到任何蔬菜了。我們每一餐都吃馬鈴薯，因為麵包不夠，連早餐也是油炸

馬鈴薯。每週最好的一份餐點，是一片肝腸和塗果醬的乾麵包。不過我們起碼還活著，還能享用飯菜。

一九四四年四月五日星期三

有一陣子我都不知道為什麼還要學習了。戰爭結束的日子好像遙遙無期，像是一個不切實際的童話。如果戰爭到九月還不結束，我就不想繼續上學了，因為我不想比同學落後兩年的學習進度。

這些日子，我想彼得想到心力交瘁，每當我獨自一人，我都會忍不住哭泣。這樣實在太悲慘了。為了不再這樣悲傷下去，我要努力學習。當記者，這是我的志向！我知道我能寫，可是我不知道自己是不是真的具有這方面的才華。在這裡，我是自己最好、也是最嚴厲的批評家。我清楚怎樣是好文章，怎樣是不好的文章。自己不動筆的人，永遠不會懂得寫作有多美妙。以前我總是對自己不會畫畫感到失落，可是現在我慶幸自己至少還會寫作。

如果我沒有足夠的才華為報紙寫稿或寫書，我還是可以為自己寫作的。我想實現更多目標！我無法想像自己像媽媽、范丹太太那樣子生活。除了丈夫和孩子，我還要有我能為之奉獻的目標。我想成為有用的人，為眾人帶來歡樂喜悅。我希望我死後也要留芳百世。

我感謝上帝給了我這樣的天賦，這種可以表達我內心一切的才能。

只要一提筆，我就能忘掉一切苦悶，重獲勇氣。我能用寫作表達我的思想、理想和幻想。可是，我能寫出什麼偉大的作品嗎？我會成為一位記者或是作家嗎？我希望會，非常希望。現在，我才十四歲，沒什麼經驗，不可能寫出什麼偉大的作品，可是我還會繼續往下寫，我相信總有一天會成功的！

一九四四年四月十一日星期二

親愛的吉蒂：

星期天晚上，彼得聽到樓梯平臺上「砰砰」兩聲，他馬上叫了密室裡的其他三位男士一起跑下樓去，竟然發現倉庫裡有竊賊正在東翻西找。范丹先生不假思索地大喊：「警察！」竊賊便匆忙逃跑了。可是倉庫門上的一塊木板被拆了下來。為了不讓警察發現門上的洞，密室裡的男士們

想把那塊木板裝回去，不料，竊賊從外面猛踢一腳，木板又掉到地上。范丹先生和彼得氣得想把那些傢伙殺了。范丹先生用聲響嚇走他，一切才又重歸寂靜。他們剛想把木板再裝上去時，狀況又發生了！門外一對夫婦用手電筒光照亮了整個倉庫，他們突然從警察變成竊賊，他們只好趕緊上樓，進入密室。

「現在我們完了！」那一夜我們坐等著被蓋世太保抓走。

「我們要像軍人一樣！要是我們遇難，那也是為女王和國家、為自由和真理而死。唯一難過的是，我們連累了別人。」我安慰膽戰心驚的范丹太太。

我們立刻打電話給克萊曼先生，然後等待著詹或警察來。

第二天，樓下傳來很響的腳步聲。

「是詹！」我說。

「不是，不是，是警察！」其他所有人都說。

有人敲門，梅普吹了一聲口哨。

大家用歡呼和眼淚迎接梅普和詹。詹用木板把門上的洞補好，很快又和梅普離開了，他們去向警察報告有人登堂入室來盜竊。此外一切正常。我們吃麵包、喝檸檬茶，大家又能說能笑的了。

我們當中誰也沒有經歷過那樣的危險。上帝真的保佑著我們！如果登陸反攻的日子來到，炸彈從天而降，大家也只能自求多福了。可是這回，只怕是連累這些幫助我們的善心無辜的人，跟我們一起擔心受怕了。

「我們得救了！上帝！請繼續拯救我們吧！」這是最後我們唯一能說的話。

是誰把這些苦難強加在我們頭上？是誰把我們猶太人排斥在各民族之外？如果我們能承受住這一切苦難，只要還有猶太人留存，他們將會從受難者變成榜樣。誰知道呢，也許世界和各種民族會從我們的信仰中學會向善。

要勇敢！猶太人在漫長的歷史中生存了下來，猶太人在漫長的歷史中不斷遭受苦難。但是，正因為這些苦難，才讓他們變得更堅強。弱者會倒下，但強者會永遠生存下去。

那天夜裡，我真的以為自己要死了，我等待著警察，就像士兵在戰場上。我願意為國捐軀。然而現在，在我得救以後，我的第一志願就是戰後要成為荷蘭人。我愛荷蘭人，我愛這個國家，愛這種語言，願意在這裡工作。

我年紀雖小，但我有自己的目標、見解、信仰和愛。我知道我是個女人，一個具有內在力量和足夠勇氣的女人！

如果我活下去，我不會庸庸碌碌的生活，我將在世界上為人類工作。

但眼下我知道，我最迫切需要的，是勇敢和快樂！

安妮

一九四四年四月十四日星期五

這裡的氣氛變得異常緊張。爸爸激動的要崩潰了；范丹太太感冒，躺在床上亂發脾氣；范丹先生沒有煙抽，臉色越來越蒼白；杜塞成天抱怨東抱怨西。巧合的是，廁所漏水，水龍頭也剛好壞了。

有時我也會多愁善感。每當彼得和我坐在積滿灰塵的木板箱上，搭著彼此的肩膀，緊緊靠在一起；還有，當外面的鳥兒啁啾，當我看見枝頭綠葉茂盛，當天空那麼湛藍，當太陽在召喚我走出去的時候，我心中有好多好多傷感！

其實，情況好壞操之在自己手中，人人必須自己判斷，不受情緒左右！

工作、愛、勇氣與希望使我為善，

祝我克服困難。

一九四四年四月十五日星期六

驚險的事件一件接著一件發生，不知何時才有個了結！

彼得忘記把大門的門閂打開（每天晚上都會從裡面拴上的），結果庫格勒先生和員工們都進不來。所以庫格勒先生跑去找隔壁鄰居，強行砸碎廚房窗戶才進了大樓。我們的窗戶開著，鄰居看到了。他們會怎麼做？

彼得為此自責得幾乎要哭了。其實這件事我們都有責任，因為我們每天通常都會詢問一聲門閂是否有打開，偏偏今天沒人問。也許晚點我該去安慰他一下。

我們最新的美食是辣酸菜。已經沒有蔬菜了，我們只剩下馬鈴薯。

空襲是司空見慣的事了。海牙市政廳被炸彈命中，有許多文件因此被毀，所有荷蘭人都要領新的戶籍謄本了。

一九四四年四月十六日星期日

昨天對我來說具有十分重要的意義，我要牢牢記住這一天。

昨晚，我和彼得坐在他的長沙發上，他用手緊緊摟住我。我們從來沒有靠得這麼近過，我的心怦怦直跳。他有點笨手笨腳的撫摸我的臉頰、臂膀和頭髮。我幸福得說不出話來，我相信他也一樣。最後，在我們下樓之前，他吻了一下我的頭髮，一半吻在我的左頰上，一半吻在耳朵上。我羞得頭也不回奔下樓。

一九四四年四月十七日星期一

親愛的吉蒂：

我還不到十五歲，就在長沙發上和男孩接吻，真讓人難為情呀！如果換做是瑪格特，除非彼此已經論及婚嫁，不然她絕對不會去親吻一個男孩。不過，這又有什麼關係呢？我們被關在這裡，與世隔絕，整日生活在恐懼中。既然我們相愛，為什麼要保持距離呢？為什麼非要等到合適的年齡呢？知道有人愛我，是多麼美好的一件事。

安妮

一九四四年四月十八日星期二

爸爸預測，在五月二十日以前，我國與義大利會有大規模的軍事行動。但是，時間越長，我就越難想像我們可以盼到和平到來。

昨天彼得和我用一個吻道了晚安，他吻在我的嘴唇附近。那感覺真甜美！

我們度過了變化無常的冬日，迎來明媚的春天。四月的氣候宜人，時而飄來一陣細雨。貝普給我們帶來三束水仙花，另外又送了我一束風信子。

一九四四年四月十九日星期三

靜靜的坐著眺望窗外，聆聽鳥兒歌唱，陽光灑在身上，依偎著一個可愛的男孩，世上還有什麼比這更完美？喔！但願我們能永遠不受打擾！

一九四四年四月二十一日星期五

昨天我喉嚨痛到在床上躺了一整天，今天好多了。

昨天是所謂的「領袖」（希特勒）的五十五歲生日。

倉庫工人范馬倫偷走了馬鈴薯粉，卻想嫁禍給貝普。貝普氣炸了。

一九四四年四月二十五日星期二

我寫了一篇有趣的故事，名字是：《探險家布羅利》。

我唸給我的三個聽眾聽，故事很受歡迎。

一九四四年四月二十七日星期四

我的感冒一直沒有完全痊癒，還傳染給了瑪格特和父母親。但願彼得別被傳染了！他堅持要吻我，這可不行，真是個小傻瓜！不過，他真可愛啊！

一九四四年四月二十八日星期五

昨天晚上我和彼得像平常一樣坐在長沙發上，互相摟著。平日漫不經心的安妮消失了，她成了溫柔體貼的安妮。我和彼得向往常一樣吻別。我用雙臂摟著他的脖子，在他的左頰上吻了一下。我正想再吻他的右頰，嘴便碰到了他的嘴。我們為此心醉神迷，緊緊抱住彼此，一次又一次的吻著。

這會是彼得第一次發現，一個時常惹人心煩的女孩，也有一個溫柔的內心世界，當他獻出自己的真心時，她也奉上了自己的真心。

但是每天晚上，在吻別以後，我就只想逃開，不再看他的眼睛，只想跑開，躲進黑暗之中，獨自一人。……我的腦子裡又出現了那個令人不安的問題：「這樣對嗎？我，一個女孩，這麼快就表現得那麼熱烈，合適嗎？」

一九四四年五月二日星期二

「彼得愛上你了嗎？」爸爸問我。

「當然沒有。」我說。

「我們並不反對你們經常在一起。不過你要克制一些。在外面，生活自由，你能認識別人，但在這裡，你不能想出去就出去。你們現在總是在一起，要是你們太親近，以後你想改變心意，就不太容易了。安妮，別太認真了！」

「好的，爸爸。但彼得他是個好男孩！」

「是的，他的本性善良，但他的性格不夠堅強。」

周日上午的時候在閣樓裡，我和彼得談到這件事：「我對爸爸說，你是個好男孩。我信任你，就像信任爸爸一樣。你的品行很好，我相信將來你會有成就的。」

後來不知怎麼的，我話鋒一轉，又對彼得說：「等我們離開這裡出去以後，我知道，你不會再想起我了。」

彼得一聽，馬上激動起來：「才不會，安妮！你要相信，我不是那樣的人！」

一九四四年五月三日星期三

早上我們吃了一碗麥片粥。現在蔬菜還是很難買到，只有水煮爛生菜、菠菜和萵苣。再加上爛馬鈴薯，多「好」的搭配呀！

在這種情況下，可想而知，我們常忍不住地問：「為什麼要打仗？為什麼人類不能和平共處？為什麼要製造那麼多殺戮，毀滅一切？」

人類為什麼要如此瘋狂，為什麼一定要餓死一些人？而與此同時，在世界的另外一些地方，卻有許多食物吃不完而壞掉。人們為什麼要將那麼多的錢，花費在製造恐怖的戰爭上；但在醫療及貧窮的問題上，卻捨不得投入一分錢？

我常常心情沮喪，可是我從不絕望。我把躲藏的日子視為一趟冒險旅程。我年輕又堅強，每天都能感覺到內心的成長。和平總會到來，大自然這麼迷人，我身邊的人們如此善良。這麼美妙的旅程，我為什麼要絕望？

一九四四年五月六日星期六

詹、庫格勒先生和克萊曼先生談到外面的物價，簡直讓人難以置信。一磅茶葉要七百盾，一磅奶油要三十五盾，幾乎每個人都在做黑市交易。撞門、撬鎖、凶殺和偷竊的案件日益猖獗，每天都有年輕少女失蹤。這個世界瘋了！

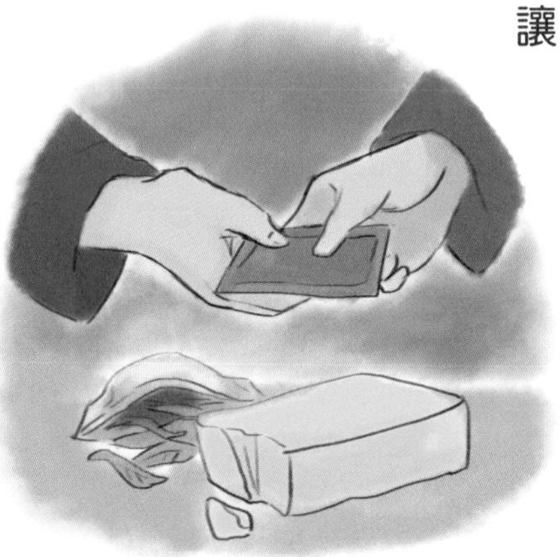

一九四四年五月八日星期一

親愛的吉蒂：

跟你說說我們家的情況吧！

爸爸出身於法蘭克福的豪門世家，年輕時過著富裕的生活，世界大戰和通貨膨脹後家產蒸發。但是不管怎麼說，爸爸都是在極為優沃的環境中長大的。媽媽的娘家不算是豪門，但也很有錢。誰能想到他們的生活是現在這樣？

但我還是寄望於戰後，我想去巴黎和倫敦各一年時間，學習語言、攻讀藝術史；我想去看看這個世界，遇見更多有趣的人。

梅普今天上午談到，星期六她去參加她的侄女的訂婚典禮，新郎和新娘都是富裕家庭的子女，宴會上吃的、喝的東西可多了。我們聽得口水直流，如果我們也去了，一定會把所有東西一掃而空。

參加宴會的還有偵緝隊的兩名警察，熱心的梅普立刻記下他們的姓名和地址，一旦我們這些藏匿者有狀況，需要好心的荷蘭人幫忙時，也許就能派上用場。

安妮

一九四四年五月九日星期二

公司新來的清潔女工六十多歲，耳背！就八個藏匿者可能發出的聲音來說，這很合我們的心意。

啊！天氣這麼好，要是能出去該多好！

一九四四年五月十日星期三

親愛的吉蒂：

我們親愛的荷蘭女王在昨天和今天對我們發表了演說。她正在度假，以便之後可以精神抖擻的回到荷蘭來。她說：「不久我就要回來……不久就要解放……」

一九四四年五月十一日星期四

親愛的吉蒂：

我忙於閱讀和學習。今天有幾本書要讀完，貝普才能把它們還給圖書館；有三大頁外語單詞，全都得背誦、抄寫和理解。聽起來是不是有點瘋狂？

你知道我最大的願望是當記者和一名作家，現在我有了足夠的題材。戰後我一定要出版一本名為《密室》的書。這些理想是否能夠實現還有待時間的考驗，但是不管怎麼樣，我心裡一直裝著這個願望。除此之外，我腦袋裡還有其他一些計劃。但還是等我把它們想得更清楚以後，再對你詳細說明吧！

安妮

一九四四年五月十三日星期六

昨天是爸爸的生日。他跟媽媽已經結婚十九年了。屋外陽光明媚，就好像今年還不曾有過這麼好的天氣。栗子樹開滿美麗的花朵。爸爸得到了許多禮物。他把收

安妮

到的蛋捲、啤酒和優格分享給大家。皆大歡喜！

一九四四年五月十九日星期五

昨天我感覺糟糕透頂，嘔吐、頭痛、肚子痛。今天有好一些了。我很餓，希望今天的晚餐不會又是馬鈴薯！

彼得和我還算發展順利。每天晚上我們吻別時，他會臉紅的要求更多親吻。他因為我的喜愛而覺得幸福，我很明白這點。只是，他如果想再更深入我的心扉，就得再努力一些才行！

一九四四年五月二十二日星期一

兩天前，爸爸和范丹太太打賭，輸了五瓶優格。直到今天，登陸反攻行動仍毫無展。難道英國人不知道人們最終要看的是偉大英勇的行動嗎？哦，不，正如那句古話所說：「沒有人能看到自己鼻尖以外的地方。」沒有人去思考英國是不是在為自己的國家而戰，每個人都認為英國有責任儘快拯救荷蘭，可是英國人究竟對我們負有什麼責任呢？登陸、解放和自由終會到來，只不過何時到來，是取決於英國與其他強國的協商，而不是被占領國人民的抱怨與爭論。

聽說反猶狂風已經刮到了那些從未有過這種想法的地方，許多人對我們猶太人的態度已經轉變，我們感到傷心又震驚。這種仇恨猶太人心理的產生，是可以理解，但也太過偏激了。基督徒譴責猶太人在德國人面前洩露機密，出賣援助他們的人，由於猶太人的過錯，許多基督徒不得不遭受那麼多的可怕命運和可怕懲罰。這是事實。但是如果基督徒處在我們的位置，難道就會有不同的表現嗎？不管是猶太人還是基督徒，在德國人的嚴刑拷打下，誰能堅持住？

我只希望這種仇恨情緒能盡快如煙一般飄散，祈求荷蘭人永遠不會動搖他們高尚的正義感，要不然，將來好不容易存活下來的猶太人就只能背著行囊，離開這個美麗的國家！這個曾經熱情的收容我們、給予我們許多溫暖的國家。

哦，親愛的荷蘭啊！我一個小小的、猶如無根的種子的人，曾經多麼希望這裡就是我生根發芽的祖國呀！一直到現在我還是這樣希望著！

一九四四年五月二十五日星期四

親愛的吉蒂：

貝普訂婚了。她二十四歲了，是家裡的長女，她的母親之前一直取笑她還找不到老公。但是她要到戰後才能結婚，因為她的未婚夫還過著地下生活。我們多麼希望她能過著幸福快樂的日子啊！

今天上午，我們的蔬菜商被捕了，他被發現家裡藏著兩個猶太人。這如同給了我們當頭棒喝！不僅僅是因為又有兩個可憐的猶太同胞步入地獄大門，更多的是因為這個好心人也將遭受厄難。

這個黑白顛倒的世界！善良的人被送進集中營和監獄，而惡魔還在世間作亂。除非你是納粹，否則你永遠不知道明天會發生什麼！

蔬菜商的被捕，意味著我們要挨餓了。貝普不可能扛著那麼多馬鈴薯過來，我們只能再少吃一點。早上不吃早餐，中午只吃粥和麵包，晚上只吃油炸馬鈴薯，可能每個星期吃一、兩次蔬菜或沙拉。當然，無論吃什麼，都比被發現要來得好。

安妮

一九四四年五月二十六日星期五

蔬菜商事件加重了密室裡的緊張氣氛，只要誰輕輕挪動一下，就會聽到「噓——噓——」示意安靜的聲音。每個人心裡都清楚，警察要闖進這裡也是輕而易舉的！

因為我們，梅普和庫格勒先生身上背負著重責大任。克萊曼先生和貝普對我們很好，但他們也有自己煩惱的事，克萊曼先生的身體不好，貝普忙於自己訂婚的瑣事；而且他們也需要自己的消遣，出門、探訪朋友，過正常人的生活！儘管懸著的心只是放鬆片刻，也比我們好多了！我們這兩年躲藏在這密閉空間裡，時時刻刻提心吊膽，真不知道這樣下去，我們還能支撐多久？

我一遍又一遍問自己，如果我們不躲藏，如果我們都死了，不用經歷這場磨難，尤其是不用再牽連他人，那對所有人來說，是不是更好？但我不敢這樣想。我們仍然熱愛生活，惦念著大自然的美妙，我們仍然抱有希望。

希望很快就會有結果，哪怕是不停的戰火也比這種忐忑不安要好。請讓我們知道，最後我們是戰勝、還是戰敗？

第十章　落幕

一九四四年六月二日星期五

親愛的吉蒂：

我有了一個躲避槍炮聲的祕方。在槍炮聲特別大的時候，跑向最近的木梯，上上下下多跑幾趟，想辦法至少跌倒一次。有跌倒時的擦傷、跑動和跌倒時的噪音，就不會注意到槍炮的聲響。使用者見證，效果好極了！

安妮

一九四四年六月六日星期二

上午八點，英國電臺廣播發布：「This is D-day!」反攻日到來。

德國電臺報導：「英國的傘兵部隊已經在法國海岸登陸，其登陸艇正在和德國的海軍激烈戰鬥著。」

十點，英國電臺分別以德語、荷蘭語、法語和其他語言播報，反攻正式開始！

十一點，艾森豪將軍對法國人民說：「激戰將臨，緊接著就是勝利。一九四四年是全面勝利的一年，祝大家好運！」

一點時，英國電臺廣播又傳來消息：「一萬一千架飛機待命，正在運送部隊登陸，轟炸敵人的後方，英美兩國軍隊已投入激烈戰鬥。比利時首相、挪威國王、法國總統、英國女王和邱吉爾，都發表了演說。」

密室裡一片沸騰！嚮往已久的解放，真的就要來臨了嗎？真像一個童話，美好得讓人不敢期待。一九四四年我們將迎來最後的勝利嗎？？我們還不知道，但是希望和勇氣又回到了我們的身上。我們仍需保持鎮靜和堅定，更要咬緊牙關，決不要妥協。到時候得救的不只是我們，還有荷蘭和整個被占領的歐洲。

親愛的吉蒂，我已經感覺到未來的太陽正在向我們揮手致意，朋友正一步步向我走來了。德國人壓迫我們太久了，我們渴望自由，渴望外面的世界！一想到朋友和解放，我的心裡就無比的激動！我想，你的心情和我是一樣的吧？

瑪格特還對我說，也許不到十月我就有可能重返校園了呢！你知道這才是令我最高興的消息，親愛的，和我一起期待吧！

一九四四年六月九日星期五

登陸反攻有了天大的好消息！每天晚上，戰地記者都報導軍隊所遭遇到的困難、將士的勇敢和高漲的士氣。儘管天候惡劣，飛機仍然頻繁出動。我們希望戰爭在今年年底以前就能結束。它也該到結束的時候了吧！

一九四四年六月十三日星期二

過完生日，我十五歲了。我收到了許多禮物。最驚喜的是庫格勒先生送的一本《瑪利亞．泰勒莎》和三塊全脂乳酪。彼得送了我一束美麗的芍藥花。

儘管天氣惡劣，狂風暴雨，驚濤駭浪，但盟軍反攻依然捷報頻傳。

我的月經停了兩個月，星期六終於又來了。儘管有種種不適與麻煩，但我很高興情況已經好轉。

一九四四年六月十四日星期三

這幾天我一直都很苦惱，因為我總是會被別人認為是個自以為是的人。我也常常反省自己，我是不是過於自負了？我希望別人能給我真誠的忠告，哪怕是幫我做出一些分析和評價也好，但是，這個人真的不容易找到。

彼得喜歡我，並不是戀人的愛，而是朋友的愛。有時候我也在想，我對他的強烈渴望被誇大了，可是實際上並不是啊，我仍然像以前那樣，對他一日不見如隔三秋。他的個性善良、脾氣溫和，很容易妥協，可是他仍然不讓我碰觸他的內心深處，從天性上講他比我更封閉。關於未來，真正的心靈和身體的解脫才是我們最期盼的，而這些，似乎就在不遠的明天！

一九四四年六月十五日星期四

是不是因為我被禁閉在這裡，太長時間無法呼吸到新鮮空氣，才會如此醉心於大自然？我記得我以前不是這樣，來這裡之後就變了。我喜歡在窗前看月亮，喜歡看窗外的狂風暴雨。窗外的世界，是這麼的美好！這一切都把我迷住了！

有很多人都喜歡大自然，還有人偶爾會在戶外露宿，那些在監獄和醫院裡的人們，盼望有一天能自由的奔跑在大自然的懷抱裡。大自然是不分貴賤都可以與它親密接觸的，可是偏偏我們就是被殘忍隔離的一群人。

仰望天空、雲朵、月亮和星星，使我的內心平靜，萌生希望。大自然使我感到自己的渺小，讓我能勇敢的忍受一切的打擊。但絕大部分時間，我只能透過積滿灰塵和掛著骯髒窗簾的窗戶凝望大自然，但這種情況下，觀察大自然的樂趣已所剩無幾。大自然應該是純粹、沒有任何雜質的！

一九四四年六月二十七日星期二

范丹太太變得更加不可理喻。她已經絕望了，整天滔滔不絕的說著關於暗殺、坐牢、絞死和自殺之類的事情。她經常崩潰痛哭、無理取鬧。

事實上，現在形勢大好。而爸爸和范丹先生甚至樂觀地認為，十月十日我們就有可能恢復自由。自從 D-day 開始，這三個星期以來，沒有哪天不是風雨交加的，但是這種惡劣天氣，並沒有阻礙英國人和美國人展示他們的威力，真是了不起！

一九四四年七月六日星期四

彼得無意間談到，將來他說不定會變成罪犯或是投機客。他當然是開玩笑的，但我相當擔憂，因為他很擔心自己內心的軟弱。瑪格特和彼得常常對我說：「要是我像你一樣勇敢，要是我能做到像你這樣的堅定信念，那麼……」

為什麼他們明知道自己軟弱，卻不想辦法克服，不努力去鍛煉自己的性格呢？「因為不努力比較容易！」這種回答真讓我泄氣。這是多麼幼稚的思想啊！在懶惰和金錢的誘惑面前，人們往往會很容易就上鉤了。

我想了很久，不知道該怎樣回答，才能激勵彼得樹立起自信，轉變成願意努力和進步的人。彼得有點依賴我，我卻希望他在性格和精神上可以自立。我想讓他明白，那些看似容易取得的東西，會把他拖向深淵，難以自拔。

我們都活著，可是並不知道為什麼而活著。我們生活的目的是追求幸福，而想得到幸福，我們要為之耕耘，而不是坐享其成。當然，彼得不是不懂得努力的人，他只是還找不到目標。但是，每次看到他自暴自棄，我都感覺特別傷心。

如果每個人入睡前，都能回顧一天裡發生的事情，反思自己的行為，他們就會變得更好、領悟到生命的真諦。

一九四四年七月八日星期六

公司代理人在農產品拍賣會上買了草莓，他給了我們至少二十四箱的草莓！克萊勒一點半來的時候，說：「喔，到處都是草莓！早餐是草莓，梅普在煮草莓，我聞到的都是草莓，便趕緊上樓來躲一躲，可是這裡正在洗什麼呢？草莓！」

爸爸每天晚上都在製作草莓果醬。我們喝草莓粥和草莓牛奶，飯後甜點是草莓、白糖草莓和加上草莓的麵包。整整兩天，除了草莓還是草莓。

然後，我們從蔬菜商那裡買來了二十磅豌豆。星期六早上，所有的人都在認真剝著豌豆。這種工作對我這樣一個沒有耐心的女孩來說，簡直就是苦差事。我每剝一顆，就在心底呼喊：我永遠永遠也不願只當一名家庭主婦！

一九四四年七月十五日星期六

親愛的吉蒂：

父母其實一直很溺愛我，在別人面前袒護我，為人父母能做的他們都做到了。但我一直感到十分孤獨，那種被人漠視、誤解，甚至是拋棄的感覺，越來越強烈了。儘管爸爸和我關係再好，他卻總是站在長輩的立場，把我當成一個小女孩，不能設身處地把我當作獨立的安妮看待，所以我對他隱瞞自己的情感，從來不會把自己的理想告訴他，而是選擇告訴你，吉蒂。

至於彼得，我知道我征服了他，他一天比一天更喜歡我。我們談論最私密的事，卻對內心世界避而不談。我一直都摸不透彼得的心事。如今他深深依戀著我，而我一時也找不到能夠讓他跳脫出來的辦法。雖然我發現他不可能成為我心目中的那種朋友，但起碼我要幫助他跳脫狹隘的思維，趁年輕而有所作為。

我在某本書上讀到：「在內心深處，年輕人比老年人寂寞。」說得很有道理。成年人對這個世界早已形成獨到見解，行動起來不會猶豫，而且意志堅定。而生活在這個時代，一切理想都被摧毀，人們對真理和信仰都產生懷疑，要我們這些年輕人堅持立場、維持觀點，更是艱難！

這就是成長的煩惱，它們很真實，同時也很可怕。但無論如何，我仍懷抱著希望，因為我一直相信人的善良本性。我看見世界漸漸被吞噬成一片荒野，我聽到雷鳴般的譴責聲幾乎要將我們毀滅，我和千千萬萬苦難中的人感同身受。但是，每當我仰視穹蒼，我總會想，一切都會好轉的，這些苦難一定有盡頭，和平和安寧將重見天日。在通向最終的光明的路上，夢想再破、再碎，我也會將它緊抱在懷裡，一直向前，永不放棄，也許有一天它會實現！

安妮

一九四四年七月二十一日星期五

此刻我滿懷希望，目前情勢好極了！希特勒被一個德國軍官謀刺——儘管他只受了一些擦傷和幾處燒傷。希特勒竟然向他那些忠誠的人民宣布，從今天起所有軍人都得聽命於蓋世太保，任何士兵如果知道他的長官參與這次暗殺，可以把他就地槍決。

這樣一來就有好戲登場了。長途行軍中，某個士兵如果因為腳痛走得慢了，被長官訓斥，他就可以拿起槍，大聲呵斥：「你想謀殺領袖，這就是你的下場！」一聲槍響，這個趾高氣昂的長官就一命嗚呼了。最後：那些軍官再也不敢跟士兵們發號施令，因為，士兵們行動的膽子比軍官們說話的膽子要大得多。

是我在瞎扯嗎？哈哈！沒辦法，一想到十月份我又可以去上學了，我心裡就十分開心，所以難免扯遠了。

一九四四年八月一日星期二

親愛的吉蒂：

我是一個如此矛盾的人。我有雙重性格，這一面的我活潑樂觀、輕率無禮、熱愛生命，欣賞美好事物，甚至不會因為打情罵俏、親吻、擁抱、不堪入耳的玩笑而生氣。但這一面的我總是埋伏在那裡，突擊另一面的我——那個更美好、更純潔、更深沉的安妮。

其實也不怪大部分人不理解我，因為我輕浮的那一面總是比深沉的那一面更快出現，所以也總是她贏。你想像不出我有多麼努力想藏起她，可是沒用，她就是那個叫安妮的人的另一半啊！

好的安妮從不出現在人前，只有在我獨處的時候，她才會和我交流，並指引我。我非常清楚自己想成為什麼樣的人，而我現在又是什麼樣的人，可惜的是，我在內心裡追隨那個沉靜的安妮引導，但在外面表現出來的，卻總是一個喧鬧輕浮的安妮。我努力想表現出好的一面，卻總是慘敗。我的內心在啜泣：「你看，你就是這樣，傲慢、暴躁，大家才不喜歡你，這都怪你不聽從好的安妮提出的勸告！」

啊！我願意聽的，可是沒有用。就算我認真了，大家也會以為我是在演戲，我的家人肯定會以為我生病了，還會強迫我吃下治頭痛和抗憂鬱的藥，真是那樣的話，我絕對會受不了的。

如果我在大家的眼裡就是那個樣子，那麼我只能把壞的一面展露，好的一面隱藏。獨自在內心深處探索出一條道路，成為我所希望、和我所能做到的那個樣子。也許，有一天，再沒有其他人生活在這個世界上，我想我就能徹底解脫了。

安妮

安妮寫的日記到此結束。

後記

一九四四年八月四日上午十點多，一輛汽車停在普林森運河街二六三號門前。從車上走下來的，是身穿制服的納粹黨衛隊中士和三名荷蘭便衣警察。最有可能洩密的人是倉庫工人范馬倫。

密室裡的八名躲藏者全部被捕，他們的貴重財物也全被搜走。一起被逮捕的，還有幫助者庫格勒先生和克萊曼先生。幸好梅普和貝普逃過此劫。

八名密室躲藏者被捕後，被送至波蘭奧斯維辛集中營。

范丹先生在送到奧斯維辛後沒多久，就被毒氣毒死。范丹太太的死亡日期不得而知。彼得・范丹於一九四五年一月十六日，被從奧斯維辛押往奧地利，五月五日於此處喪生，當時距離解放只剩三天。

杜塞一九四四年十二月二十日死於集中營。

安妮的媽媽，於一九四五年一月六日，在奧斯維辛集中營死於饑餓和勞累。姊姊瑪格特和妹妹安妮在十月底，被送往伯根・貝爾森集中營。那裡的衛生條件非常惡劣，傷寒奪走上千名囚犯的生命，瑪格特也是其中之一，緊接著，安妮・法蘭克也染上傷寒而失去了生命。她的死亡日期是在二月底到三月初之間。一九四五年四月十二日，這個集中營被英軍解放。

在八名密室躲藏者之中，最後只有瑪格特和安妮的爸爸——奧托・法蘭克一人活著離開集中營。奧斯維辛被俄軍解放後，他搭船去了馬賽，後來又去了阿姆斯特丹，在那裡住到一九五三年，之後移居瑞士。再後來，他與來自維也納的蓋林格結婚，蓋林格與他一樣也曾被關在奧斯維辛，丈夫和兒子均死於集中營。

這本日記得以出現在世人面前的重要人物，就是梅普・吉斯。她與丈夫及另外四人，協助安妮等八位猶太人藏匿。密室等人被逮捕後，她發現並妥善保存了安妮所寫的日記。得知安妮離世後，便將日記親手交給了奧托・法蘭克。

奧托・法蘭克於一九八〇年八月十日去世，去世前一直住在瑞士，致力於傳揚女兒安妮的日記。

梅普・吉斯（左）與
安妮的父親奧托・法蘭克（右）*9

照片來源：Wikimedia Commons

1. 凡爾賽合約簽訂，戰勝國對德國實行嚴厲的經濟和軍事的制裁
Willian Orpen (1878-1931) 的畫作
日期：1919 年
來源：152.4X172，收藏於英國倫敦帝國戰爭博物館 (Imperial War Museum London，IWM)，編號 IWM ART 2856。
授權許可：作品為公共領域

2. 希特勒到訪匈牙利的埃格爾 (Eger)
攝影者：不詳
來源：德國聯邦檔案機構 (German Federal Archives)，編號 137-004055。

3. 安妮．法蘭克，就讀第六蒙特梭利學校
攝影者：不詳
日期：1940 年
來源：荷蘭阿姆斯特丹安妮．法蘭克基金會 (Anne Frank Foundation Amsterdam) 網站，依據荷蘭複製法第 38:1 ，現為公共領域，因為不知名攝影者或 1943 年以前，過 70 年以後，可不受限制，安妮基金會認定其為「攝影者不詳」。
來源：阿姆斯特丹安妮基金會的網站

4. 安妮之家，阿姆斯特丹。
攝影者：©1971markus，j2017.8.14
日期：2017.8.4.
來源：個人作品

5. 水晶之夜，德國反猶太人的行動
攝影者：不詳
日期：1938.11.10
來源：http://naziwarcrimes.files.wordpress.com/2008/01/kristallnacht-1
授權許可：德國國家檔案和記錄管理局 (NARA) 的公共領域

6. 安妮一家藏匿的密室模型
攝影者：Alexisrael
日期：2013.5.30
來源：個人作品

7. 奧斯維辛集中營月臺上的挑選：分到右邊意味著勞役，左邊被送往毒氣室。照片中為來自喀爾巴阡山羅塞尼亞地區的匈牙利猶太人，他們大多來自別列戈沃猶太區。1944 年，數以千計的大屠殺的受害者到達納粹的奧斯威辛集中營。
攝影者：不詳，許多來源認為攝影者為納粹德國親衛隊 (SS) 的 Ernst Hoffman 或 Bernhard Walter
日期：1944.5-6.
來源：以色列猶太大屠殺紀念館 (Yad Vashem) 相片集，Lili Jacob 是米特堡 - 朵拉 (Mittelbau-Dora) 集中營的生還者，她在 1945 年發現這本相片集並捐給該館。
授權許可：以色列猶太人大屠殺紀念館將奧斯威辛相片集視為公共領域，依照美國大屠殺紀念館 (USHMM) 引述該館的話，見於相片集目錄。

8. 安妮日記原稿
作者：安妮．法蘭克
日期：1942.9.28
來源：https://www.ushmm.org/exhibition/anne-frank/htmlsite/artifact_1_0.html

9. 梅普．吉斯（左）與安妮的父親奧托．法蘭克（右）
攝影者 Jac. de Nijs/Anefo
日期：1961,5,1
來源：荷蘭國家檔案館 (National Archief, NA)

以人為鏡，習得人生

正直、善良、堅強、不畏挫折、勇於冒險、聰明機智……
有哪些特質是你的孩子希望擁有的呢？
又有哪些典範是值得學習的呢？

【影響孩子一生的人物名著】

除了發人深省之外，還能讓孩子看見
不同的生活面貌，一邊閱讀一邊體會吧！

★ 安妮日記

在納粹占領荷蘭困境中，表現出樂觀及幽默感，對生命懷抱不滅希望的十三歲少女。

★ 清秀佳人

不怕出身低，自力自強得到被領養機會，捍衛自己幸福，熱愛生命的孤兒紅髮少女。

★ 湯姆歷險記

足智多謀，正義勇敢，富於同情心與領導力等諸多才能，又不失浪漫的頑童少年。

★ 環遊世界八十天

言出必行，不畏冒險，以冷靜從容的態度，解決各種突發意外的神祕英國紳士。

★ 海蒂

像精靈般活潑可愛，如天使般純潔善良，溫暖感動每顆頑固之心的阿爾卑斯山小女孩。

★ 魯賓遜漂流記

在荒島與世隔絕28年，憑著強韌的意志與不懈的努力，征服自然與人性的硬漢英雄。

★ 福爾摩斯

細膩觀察，邏輯剖析，揭開一個個撲朔迷離的凶案真相，充滿智慧的一代名偵探。

★ 海倫・凱勒

自幼又盲又聾，不向命運低頭，創造語言奇蹟，並為身障者奉獻一生的世紀偉人。

★ 岳飛

忠厚坦誠，一身正氣，拋頭顱灑熱血，一門忠烈精忠報國，流傳青史的千古民族英雄。

★ 三國演義

東漢末年群雄爭霸時代，曹操、劉備、孫權交手過招，智謀驚人的諸葛亮，義氣深重的關羽，才高量窄的周瑜……

影響孩子一生名著系列 21

安妮日記

勇敢的密室少女・堅定的和平信念

ISBN 978-986-96861-5-0 / 書 號：CCK021

作　　者：安妮・法蘭克 Anne Frank
主　　編：陳玉娥
責　　編：陳沛君、徐燕婷
插　　畫：蔡雅捷
美術設計：蔡雅捷、鄭婉婷

照片來源：Wikimedia Commons

出版發行：目川文化數位股份有限公司
總 經 理：陳世芳
行銷企劃：朱維瑛、許庭瑋、陳睿哲
法律顧問：元大法律事務所 黃俊雄律師
地　　址：桃園市中壢區文發路 365 號 13 樓
電　　話：(03) 287-1448
傳　　真：(03) 287-0486
電子信箱：service@kidsworld123.com
劃撥帳號：50066538

國家圖書館出版品預行編目 (CIP) 資料

安妮日記 / 安妮．法蘭克作．-- 初版．--
桃園市：目川文化，民 107.12
面；　公分．--（影響孩子一生的人物名著）
ISBN 978-986-96861-5-0（平裝）
1. 法蘭克 (Frank, Anne, 1929-1945) 2. 傳記 3. 通俗作品

784.728　　107018088

網路書店：*www.kidsbook.kidsworld123.com*
網路商店：*www.kidsworld123.com*
粉 絲 頁：FB「悅讀森林的故事花園」

印刷製版：長榮彩色印刷有限公司
總 經 銷：聯合發行股份有限公司
地址：新北市新店區寶橋路 235 巷
6 弄 6 號 4 樓
電話：(02) 2917-8022
出版日期：2018 年 12 月（初版）
定　　價：280 元

建議閱讀方式

型式	圖圖圖	圖圖文	圖文文		文文文
圖文比例	無字書	圖畫書	圖文等量	以文為主、少量圖畫為輔	純文字
學習重點	培養興趣	態度與習慣養成	建立閱讀能力	從閱讀中學習新知	從閱讀中學習新知
閱讀方式	親子共讀	親子共讀 引導閱讀	親子共讀 引導閱讀 學習自己讀	學習自己讀 獨立閱讀	獨立閱讀